Memórias de um Kiumba

José Usher

Memórias de um Kiumba

© 2022, Madras Editora Ltda.

Editor:
Wagner Veneziani Costa

Produção e Capa:
Equipe Técnica Madras

Revisão:
Ana Paula Luccisano
Silvia Massimini Felix

Dados Internacionais de Catalogação na Publicação (CIP)
(Câmara Brasileira do Livro, SP, Brasil)

Usher, José
Memórias de um Kiumba/José Usher. – São Paulo: Madras, 2022.

ISBN: 978-85-370-1084-6

1. Espíritos 2. Mediunidade 3. Orixás
4. Romance mediúnico 5. Umbanda (Culto) I. Título.

17-07001   CDD-299.672

Índices para catálogo sistemático:
1. Romance mediúnico: Umbanda 299.672

É proibida a reprodução total ou parcial desta obra, de qualquer forma ou por qualquer meio eletrônico, mecânico, inclusive por meio de processos xerográficos, incluindo ainda o uso da internet, sem a permissão expressa da Madras Editora, na pessoa de seu editor (Lei nº 9.610, de 19/2/1998).

Todos os direitos desta edição reservados pela

MADRAS EDITORA LTDA.
Rua Paulo Gonçalves, 88 — Santana
CEP: 02403-020 — São Paulo/SP
Caixa Postal: 12183 — CEP: 02013-970
Tel.: (11) 2281-5555 — Fax: (11) 2959-3090
www.madras.com.br

Agradecimentos

Ao Guardião Cobra-Coral, pela proteção e resguardo de minha consciência para me revelar esta história.

:: Índice ::

Prefácio 9
Prólogo 13
E Tudo Começou 15
Meu Primeiro Elo 19
As Trevas do Esquecimento 39
Encontrando Respostas na Dor 53
Escravos de um Escravo 71
Meus Primeiros Escravos 81
O Salão das Serpentes 93
Encontro com os Escravos 99
Primeiros Trabalhos 109
O Falso Vazio 119
Nos Domínios do Guardião Cobra-Coral 123
Negociando Minha Liberdade 131
A Revelação 137

:: Prefácio ::

Kiumba é um espírito que mente, engana e faz o mal, quer dizer, "prejudica o próximo". Embora a palavra venha da língua quimbundo, de cultura bantu angolana, e em sua raiz ou origem etimológica signifique apenas morto, ossos ou espírito, na Umbanda o conceito é "ser trevoso". O que devemos entender como conceito é que luz representa o saber e a verdade, enquanto trevas representa ignorância e ilusão. A consequência das trevas é muito simples: quem prejudica o próximo está prejudicando a si mesmo, e para entender isso existem muitos caminhos.

Podemos dizer que é impossível amar o próximo sem amar a si mesmo; quando alguém ama a si também ama o próximo de forma natural, e o contrário também é verdade: uma pessoa que odeia ou diz odiar o próximo é sempre alguém que odeia a si mesmo e carrega grandes arrependimentos em sua alma. O que vamos encontrar entre as trevas ou a serviço das trevas são espíritos, acima de tudo, que mentem e enganam a si mesmos, fazem o mal a si mesmos e, com certeza, não têm consciência do que estão fazendo ou da profundidade de seus atos.

Não há um demônio reinando no "inferno" ou nas trevas, mas uma organização devota ao mal, e há uma hierarquia que muitas vezes acredita servir a um suposto "adversário de Deus". No entanto, Deus reina no embaixo assim como no em cima, nas trevas bem como na luz. Isso quer dizer que luz e trevas caminham juntas como ferramentas para a evolução e o despertar do livre-arbítrio na humanidade. Até hoje só se havia encontrado essa profundidade de conceito apresentada em forma de romance e autobiografia na literatura de Rubens Saraceni, não apenas no que diz respeito a envolver o leitor enquanto conta uma história de quem encarnou, errou, desencarnou e errou mais ainda, até que tomou consciência de seus erros e se conduziu à luz ou à Lei Maior e à Justiça Divina.

Já se somam dezenas de bons romances mediúnicos de Umbanda, publicados pela Madras Editora, por diversos médiuns contando a história de seus "Guardiões Exus". Então o que de tão especial encontrei neste título para compará-lo com Rubens Saraceni? Além de ser uma leitura cativante e envolvente, o autor espiritual revela mistérios relacionados a sua natureza e à estrutura de como funcionam alguns desses mistérios nas trevas. Mistério por definição, na literatura de Rubens Saraceni, pode ser entendido como algo divino, que pertence a Deus e que se revela no ser humano. Em nossa origem divina, somos portadores de mistérios ancestrais que em nós podem ser utilizados de forma positiva (luz, saber) ou de maneira negativa (trevas, ignorância).

O personagem principal deste livro é o portador de um mistério, e ambos – o portador e o mistério – foram "usados" pelas trevas, revelando uma das formas pelas quais as trevas se organizam atuando por meios muito semelhantes à lei e à luz, mas por princípios invertidos. Essa é uma das causas de tanta confusão quando se fala em Exu ou se imagina que Exu possa fazer o mal.

Exu não faz o mal, quem faz o mal é Kiumba, no entanto muitas vezes esse Kiumba se manifesta com nome de Exu. A única maneira de avaliar é por meio de seus princípios, intenções e ações. Claro que junto a um médium bem-intencionado sempre haverá uma entidade bem-intencionada. E com um médium mal-intencionado, enganador ou iludido haverá um Kiumba, e a confusão faz parte dos interesses de quem quer comprar, vender ou negociar algo como amor, destino e felicidade.

Parece confuso tudo isso, então leia esta obra magnífica e descubra por si mesmo um pouco mais dos mistérios humanos que ora estão a serviço da luz, ora estão a serviço das trevas, mas que o tempo todo e todo tempo estão a serviço de Deus, afinal nada escapa à presença de Deus e nada está fora da Lei Maior e da Justiça Divina.

Em tempo, digo ainda que esta obra completa ou complementa títulos como O *Guardião da Meia-Noite*, *Os Guardiões da Lei Divina*, *O Guardião da Sétima Passagem*, *Os Guardiões dos Sete Portais*, *O Guardião dos Caminhos*, *O Guardião das Sete Encruzilhadas*, *O Guardião do Fogo Divino*, *O Guardião do Amor*, *O Guardião das Sete Cruzes*, *O Guardião da Pedra de Fogo*, *Templos de Cristal* e outros da série de guardiões publicada por Rubens Saraceni.[1] Aqui se mostra um "Guardião da Cobra Negra" que vai de encontro e depois vai ao encontro de um "Guardião da Cobra Coral". Imaginava que apenas na literatura citada por meio do nosso mestre, amigo e pai espiritual teríamos acesso a algo tão bom e profundo revelando mistérios da alma humana.

Em seu primeiro título mediúnico publicado, *O Guardião das Sete Facas*,[2] José Usher já havia nos surpreendido e brindado com uma história envolvente e reveladora. Agora, com

---
1. Todos esses títulos foram publicados pela Madras Editora.
2. Publicado pela Madras Editora.

Memórias de um Kiumba, José revela a si mesmo como um Mestre da Luz e deve ser respeitado como tal. É mestre pela profundidade do saber que vem por suas mãos e também pela capacidade de transformar pessoas que aqui se revelam. Para mim, é mestre pelo simples fato que me remete ao meu mestre, na potencialidade de revelar mistérios e tocar a alma humana.

Muito grato estou por essa oportunidade de crescimento com sua obra, e orgulhoso fico por nossa amizade. Já fico ansioso em esperar outros títulos tão bons quanto este, que venham dessa mesma fonte. Boa leitura a todos!

Alexandre Cumino

:: Prólogo ::

Não sou uma mentira, apenas uma verdade não proclamada.
Não sou uma sujeira do mal, apenas um reflexo de seu futuro
quando caminhar pelas sendas do desequilíbrio.
Não sou um prepotente, mas quando me deparo
com sua imundície interna,
não tenho tolerância; você é um estúpido e deve ter ciência.
Não sou um infeliz, apenas um ser levando a infelicidade aos
que merecem tal sentimento.
Não sou um caçador da possessão, mas quando me procura,
você me encontra.
E quando me encontra, você me tem. Alguns,
durante toda a vida.
Comigo não há verdades na metade do caminho.
Comigo não há mentiras disfarçadas de desculpas.
Comigo não há verdades consoladoras.
Não vim para ditar conselhos, mas, sim, para lhe mostrar
que aquele que é calado também pode falar
por meio de um livro.

:: E Tudo Começou ::

Tudo começou em minha infância, enquanto observava meu pai batendo em minha mãe até cansar. Eu sempre era ameaçado desde pequeno. Se abrisse a boca, receberia como prêmio vê-la sangrar até a morte na penumbra de nossa casa imunda. Era tanta desgraça, que dor e tristeza passaram a ser a forma de eu ver a vida.

Os anos seguiram e aquele suposto pai que eu tinha ficou um pouco mais velho. De certa forma, eu o enxergava como uma fonte de inspiração para o mal. E assim me deixei inspirar na noite em que ele quebrou uma garrafa de vidro na cabeça de minha mãe. Depois de agarrá-lo e bater sua cabeça contra a parede, amarrei seus braços e pés e comecei a fazer cortes bem profundos com o vidro quebrado, enquanto minha mãe observava atônita. Como já havia dito a ela, isto foi o que eles me ensinaram em todos esses anos: a arte de causar dor, e agora eu havia me tornado um artista desse sentimento.

Eu quis terminar o trabalho, saindo pelos arredores do castelo onde habitavam muitos plebeus. Comecei a assassinar silenciosamente todos os guardas que garantiam nossa harmonia como seres humanos naquele lugar. Silenciosa e detalhadamente, foram mais de 40 homens mortos em uma única noite.

Ao amanhecer, muitos jaziam mortos em seus lugares de descanso, e eu fitava a alvorada, completamente ensanguentado e nu. Queria que a luz do sol tocasse meu corpo, pois sabia que seria a última vez que o teria diante de mim. E assim foi. Quando os primeiros raios tocaram minha pele, senti o impacto de oito flechadas que perfuraram meu corpo e despenquei do alto da torre até o chão.

De um sono profundo acordei na escuridão, na qual até hoje habito. Todas aquelas almas assassinadas por mim somadas às que foram mortas pelos guardas agora faziam parte de minhas dívidas.

Mas, ainda assim, continuei com minha obra de arte nas trevas arquitetando maneiras de infligir dor aos demais... Já se passaram centenas de anos desde a época em que fui ensinado a não sentir dor. Ganhei batalhas contra a luz, mas perdi outras que me trouxeram para onde estou hoje, detido pelos Guardiões da Lei Maior, os quais me sensibilizaram por meio da dor, para que hoje eu voltasse a sentir com toda a intensidade o sabor do sofrimento...

Por tal motivo, vejo-me obrigado a revelar visões sobre a dor humana, suas ações e reações, suas decisões negativas e sentimentos destrutivos que fazem das trevas uma história intensa, profunda, sombria e dolorosa. Que minhas reflexões lhe sirvam para uma visita a algumas profundezas do desequilíbrio e que, a partir da dor alheia, seja possível racionalizar sua vida e evitar as armadilhas de caminhos rejeitados por muitos.

A arte que aprendi também abrange ensinamentos para muitos. A luz não pode falar das lições da escuridão; a escuridão não pode opinar sobre a luz. Portanto, que a escuridão recite os poemas das trevas e que a luz cante as orações líricas da luz. Cada uma ensina a partir do seu lado, mas nenhuma deixa de ser imprescindível.

Ao final, a noite o abraça em seu sono e o dia o acompanha em sua caminhada...

Bem-vindo às minhas memórias.

:: Meu Primeiro Elo ::

    Eu estava encolhido em um canto da cela, tentando me lembrar do último amanhecer. Mas a escuridão era tão profunda e marcante, que em segundos o sol sumia atrás de uma montanha e dava lugar a uma noite vestida de negro e sangue. Sempre tomei conta de meus pensamentos aqui nas trevas, pois sabia que era ouvido o tempo todo. Mas, ao contrário da luz, aqui só escutava quem era capaz de manipular.

    – Que romântico está o idiota homicida! Hahaha...

    – Não se trata de romance, chefe, e sim de desejo de continuar minha história – seu nome é Akitash, responsável pela cela onde estávamos aglomerados todos, os porcos que faziam o trabalho mais sujo de infligir dor e levar à morte qualquer consciência.

    – Deseja mudar sua história? Então siga trabalhando duro para se tornar um mestre da escuridão, porque a luz não o considerará por muito tempo.

    – Estou bastante empenhado, meu senhor. E ansioso por ampliar meus dons negativos e seguir me afundando entre os estúpidos sentimentos humanos.

    – Cuidado com seu sarcasmo, Wither, a menos que queira tatuar outros traumas em sua mente.

— Desculpe-me, meu senhor. Mas não estou acostumado a falar sem aqueles "toques" negativos.

— Então, feche sua boca e escute atentamente o que deve fazer. Você irá ao chamado de um casal adúltero na Terra. Uma mulher começa a sofrer altas doses de obsessão por um homem casado. Eles não têm nem ideia de que podem ter um filho, e essa maldita criança não deve nascer, já que o espírito que ocupa esse corpo é um antigo inimigo meu que tentou escapar de meus domínios, sem ter pagado toda a sua dívida. Assim, necessito que você trabalhe nessa situação para que o menino não nasça e você o traga de novo para cá. Quanto à mulher, pode fazer o que quiser com ela. Por ser esse um trabalho tão especial para mim, eu lhe darei a oportunidade de ter seu primeiro elo de trabalho, ou sua primeira escrava.

— Cumprirei com gosto e precisão. Dê-me as coordenadas e lá estarei no próximo encontro que os dois tiveram.

* * *

As trevas me convidam a visitar vidas alheias, porque sabem de meu poder de convencimento. Quando um chamado bate à minha porta, evocando-me como se eu fosse um cachorro fiel à escuridão e como se as trevas fossem minhas donas, vou correndo, pois realmente minhas vítimas tocam as teias dos desejos negativos e eu tenho de comê-las.

Tendo recebido o lugar, a hora e a circunstância, trasladei-me até a faixa neutra da criação. Nossa forma de subir, nesse caso, era por intermédio de um duto de energia que tinha como ponto emissor a dimensão onde eu me encontrava; e o ponto receptor era a parte mais sensível e desequilibrada da casa da mulher. Como se tivesse sido sugado, rapidamente fui levado àquele lugar. Uma vez dentro da casa, potencializei a abertura temporal do buraco negro com a própria energia humana e sexual que jazia esparramada sobre toda a residência, já que nossa vibração ou as ferramentas utilizadas para a obsessão, possessão, destruição ou outro de tipo de ação são conseguidas com boas doses de energia humana somadas à que ela desperta misturando-se com outras de baixa intensidade.

Cheguei no exato momento em que o casal de infiéis se preparava para descarregar toda a sua paixão negativa naquela cama que não seria apenas dos dois, já que eu me encontrava ali. Obviamente, por ter deixado aberto aquele buraco negro que dava em minha cela, subia um ar fétido, frio e possessivo aumentando o desejo dos dois, como se fossem doces para uma criança. E lá eles estavam, nus e envoltos em uma das energias mais fortes que o ser humano possui, a sexual. Após o coito, e eu aguentando as estúpidas promessas de amor que aquele homem oferecia à mulher, incendiando o fogo de sua carência, os dois se abraçaram e acenderam novamente a chama do amor, que ardia com os toques provocativos dela, novamente lançada à ação. Bastou apenas uma dose maior de vibração das trevas para começaram a fazer um sexo muito mais forte e embrutecido.

Naquele momento, ela já estava grávida, pois haviam tido relações sexuais várias vezes durante os últimos meses. Aquele embrião seria um varão. Ele havia sido pai dela em uma vida passada, que tinha violado o homem que era agora seu amante, o qual, naquela cama, a engravidou. O homem desejava ter aquele filho, porém a mulher o chantageava dizendo que, se ele não abandonasse sua esposa, ela abortaria. Ele não conseguia raciocinar sob pressão e começou a ignorá-la, mas com dor na alma, porque ele sentia que tinha de cuidar da criança.

O encontro furtivo teve um fim e cada um voltou à sua vida, sua realidade. O homem foi embora, desapareceu, e ela, com a barriga enorme, via-se sozinha novamente. Esse momento foi propício para eu navegar por seus pensamentos e encontrar um manjar de negativismo que tingia de morte e sofrimento uma forma de paisagem de baixa frequência, tenebrosa. Naquela noite, eu a acompanhei até sua cama e, durante aquele meio transe entre sono e vigília, sussurrei em seu ouvido, convidando-a a sonhar com aquele homem. Ela sonhou que ele jurava não querer ter a criança, enquanto fazia sexo com várias mulheres. Também gerei pontadas de dor quando, durante o sono, sua barriga era esfaqueada pelo homem. Isso a fez acordar de madrugada e não ser capaz de dormir durante o resto da noite.

Decorreram-se dois meses, e após um árduo trabalho para desenvolver pensamento e emoções, ela estava convencida de que aquele homem jamais deixaria sua esposa, que negaria aquele filho e, ainda, desejava matá-la. Porém, a realidade era outra, já que ele havia se divorciado, desejava profundamente vê-la e sonhava em ter essa criança. Estava apenas distante fisicamente, sem poder comunicar-se.

Finalmente, chegou o último fim de semana de agosto e ele voltou à cidade. A primeira coisa que fez foi ir à porta da casa da mulher com um ramo de rosas, na ilusão de receber o carinho que tanto esperava. Mas lá estava eu, colocando sentimentos de infidelidade e traição em cada pétala. Bastaria que a mulher cheirasse um botão para essas partículas negativas viajarem por suas vias respiratórias e inundarem seu sangue de ódio e tristeza, levando-a ao pranto e à impotência. E assim aconteceu, ao inalar o aroma das rosas foi como se um exército das sombras ingressasse as energias que eu havia depositado nas pétalas. Não passou um minuto até que ela começasse a chorar, jogando as flores no chão. Ele, sem reagir, ajoelhou-se pedindo perdão, porém não era suficiente para todas as emoções que haviam germinado na mulher. Ela correu até a cozinha, de onde voltou com uma faca para ameaçá-lo a sair de sua vida.

Ele suplicou tentando explicar tudo o que havia sentido durante aqueles meses em que estiveram separados. Tantas foram as desculpas que aumentou na mulher o desejo de acabar com a situação de uma vez por todas. Enquanto isso, eu passeava entre os dois, sussurrando a ela que levasse a cabo o último passo de meu trabalho. E o homem chorava implorando que ela baixasse a faca. Eu utilizei a própria energia que o homem emanava com sua dor para materializar minha mão sobre a faca da mulher. Como o ambiente estava propício às trevas, aumentei a dose de raiva e ódio que ela sentia e, como resultado, a fusão de meu riso com sua mente perturbada a fez levantar a lâmina e, com um grito, cravá-la em seu ventre, tirando a própria vida do feto.

Ela desmoronou no chão e o homem tentou acudi-la, mas era tarde. Meu objetivo havia sido cumprido. Enquanto ela gemia de dor e sua alma ia deslizando miseravelmente por um duto gerado por mim, pude perceber a aproximação de dois seres assustadores que trabalhavam nos domínios de meu chefe.

– Afaste-se, imbecil! Esta parte já não lhe corresponde.

– Sim, senhor. Assim o farei, se é isso o que manda meu chefe.

– Ele já nos disse o que fazer, volte para sua cela.

– Não irei sem antes levá-la. Ela me pertence, porque essa foi a condição do senhor Akitash.

Nesse momento, as criaturas colocaram no corpo da mulher uma espécie de metal encurvado que entrava pela cabeça e ia até seu ventre, por onde o espírito daquele feto foi retirado e encapsulado pelas mãos cadavéricas de outro ser. Nesse instante, a mulher mudou de cor, a tonalidade mel de sua pele converteu-se em um cinza opaco cheio de rachaduras. Com velocidade, ela despencou até o chão daquele lugar. Os seres desapareceram com a cápsula e eu fiquei estático com a rapidez de como tudo ocorreu.

Ela permanecia em um tenebroso silêncio; não chorava, balbuciava ou respirava. Estava inerte fitando seu ventre. Parecia uma estátua humana sem qualquer tipo de sentimento. Aproximei-me para vê-la bem de perto:

– Bem-vinda, maldita, a seu novo lar. Este lugar não tem nome; eu apenas o chamo de chiqueiro humano, porque consciências como a sua abundam por aqui. Não banque a vítima por tudo o que aconteceu, afinal foi consequência de você haver se metido com um homem casado e ficar obcecada em tirá-lo de seu estado emocional. Sua obsessão agora se converteu em sua perdição. É melhor que evite se martirizar e tome força para a raiva que sente, mas não expressá-la fará de você uma mulher que inibe a dor.

– Não sei o que dizer, não sei quem sou, não sei por que estou aqui! Foi tudo tão rápido, só me lembro daquele homem que tanto amei!

– Isso não é amor, maldita! E não repita mais essa palavra aqui. É muito grande para esta porcaria de lugar que temos. O que você teve foi uma obsessão que se incendiava cada vez mais com o fogo do desejo, que entrava em erupção pelo meio de suas pernas e percorria todo o seu corpo como uma lava sexual, pronta para incinerar genitálias masculinas, especialmente a dele, que agora ficará apático para o resto da vida. Melhor calar-se e ser mais inteligente em não demonstrar sua debilidade a partir de agora. Aqui, ninguém chegou para consolá-la.

Ela voltou a baixar a cabeça sentindo uma dor imensa em seu ventre, de onde se viam mãos e corpos em miniatura tentando sair. Isso me chamou muito a atenção, pois o feto já havia sido retirado. Cheguei um pouco mais perto e vi que não tinha apenas o feto ali, mas outras consciências presas a ela. Empunhei a mão direita e comecei uma conexão empática de frequência. Isso serve para poder encontrar a fonte que ocasiona o desequilíbrio – havia aprendido com meu chefe, que repetia isso com todos os seus escravos para poder classificar o tipo de ação negativa de cada um. Então, eu estava ali com minha primeira escrava, tratando de analisá-la para poder usá-la melhor, procurando densificar os laços desses seres que percorriam sua genitália. Pude ver várias vidas passadas que demonstravam que aquele não havia sido seu primeiro aborto, como também tinha feito muitas mulheres abortarem em várias ocasiões, em seu papel de mãe. Agora cabia a ela adotar todos os espíritos que não tiveram a oportunidade de reencarnar, sendo seu dever suportar as dívidas desses escravos em seu ventre.

Voltei lentamente daquela viagem energética, tendo em detalhes o tipo de trabalho que eu poderia realizar. Por ser portadora de males relacionados à concepção da vida, ela me seria muito útil para bloquear nascimentos ou arrastar para minha cela mais consciências que tivessem empatia com essa mulher, além de causar nela enfermidades sexuais.

Porém, sem perder tempo, eu quis continuar sentindo o sabor de aumentar a quantidade de escravos em minha cela e fui em direção a meu chefe para poder conseguir mais trabalho.

– Meu senhor, conforme prometido, desejo seguir sendo útil e ao mesmo tempo ganhar mais escravos.

– Gosto de ver seu progresso, em vez de perder tempo tentando recuperar sua vida passada de arrependimento e ânsia de perdão, Wither.

– Não tenho vontade de recuperar nada, somente de avançar na escuridão para ser algum dia como o senhor.

– Como eu, nunca! Maldito escravo. Não queira igualar-se. Procure sua própria evolução nas trevas, enquanto fizer o que eu queira.

– Perdão, senhor. É a ambição que toca as portas de meus desejos, algo muito comum aqui em nossa casa.
– Tem razão, pois tenho algo para você. Porém não será fácil. Fique atento aos detalhes da situação. Enquanto a luz procura e potencializa virtudes, aqui polimos e aperfeiçoamos defeitos. Enquanto a luz dança e canta sobre a paz, nós promovemos o grito e o desespero. Enquanto a luz deseja repousar sob a sombra de uma árvore frondosa, aqui colocamos você sobre espinhos colhidos por sua própria consciência. Então, deve estar atento ao despertar de suas – "virtudes" negativas, as quais ou lhe farão rei nas trevas ou um perfeito perdedor nelas.
– Então, as consciências débeis são o alimento da escuridão?
– Assim é, escravo. Você aprende muito rápido. Mas não posso lhe dar crédito por ter tido êxito em um trabalho, agora vamos ao que interessa.

Caminhamos a um dos recintos da propriedade de meu chefe. Esses espaços estavam classificados de acordo com a frequência e a vibração. Eram como cárceres onde se classificavam os escravos. Particularmente, não me encontrava em um grupo das trevas destinado a algo, e lá não era um depósito onde o tráfico de escravos era constante, embora houvesse uma escala principal em que a reunião era mantida pelos chefes mais obscuros e perversos que eu pude conhecer até então.

Chegamos ao "círculo da cegueira" – assim chamo aquele espaço, por não ter coragem de revelar como realmente se chamava esse tipo de lugar. Aqui, abro um parêntese, apenas para que o leitor compreenda a magnitude e maravilhosa estrutura das trevas. Existem tantos repositórios que não consigo quantificar. Todos eles estão classificados de acordo com o tipo de sofrimento ou desequilíbrio dos espíritos. Sem importar a distância entre depósitos similares, por exemplo, o círculo da cegueira, pode haver centenas de círculos com esse mesmo nome, os quais estão conectados com a cúpula que absorve, regula e vigia tais círculos. Estes, por sua vez, estão conectados ao círculo maior, onde se encontram os grandes regentes negativos da escuridão que respondem ao Rei da Escuridão, o qual, com sua onipresença nas trevas, pode controlar a entrada e a saída de todos os escravos, a qualquer tempo. Aqui fecho o parêntese.

Dentro do círculo, encontram-se consciências em estado de debilidade que alojam em sua genética um alto teor de desejos de suicídio ou masoquismo extremo. Foram treinados na dor relacionada à loucura, à bipolaridade, à esquizofrenia. São muito utilizados para despertar vícios e estados depressivos profundos nas vítimas. Foram anulados no sentido da visão, para que não questionem o que veem, e sua demência seja os olhos que os conduzam pelas trevas.

– Bem, aprendiz da escuridão, tenho uns servos na faixa neutra que evocam e pagam bem. Foi solicitado um trabalho de demência juntamente com um grande genocídio de uma comunidade religiosa. Seu trabalho será colocar essa imundície entre as pessoas estratégicas que desencadeiem o caos necessário para uma batalha sangrenta e o fim daquela comunidade, de onde poderei recolher muitos escravos que se mantêm virgens por motivos religiosos. Assim, além de destruir aquele lugar, você deve cuidar que a aberração despertada não transforme o desejo sexual dos dementes em fogo que queira aniquilar a virgindade de minhas futuras escravas. Você tem 21 luas para cumprir o trabalho.

– Perdão, meu senhor. Por que esse trabalho se limita no tempo e justamente na energia lunar?

– Esses espíritos do círculo que serão utilizados para o trabalho, embora estejam cegos, podem ser afetados pela lua, por causa dos cristais energéticos irradiados por ela. Cada coisa viva sobre a Terra é alterada pela força lunar. Emoções e pensamentos são modificados de forma involuntária e inconsciente. Esses escravos foram programados durante muito tempo e com um longo trabalho negativo. Deixá-los expostos à luz da lua será como mudar o mapa de sua dor, e isso afetará o cumprimento dos objetivos.

– Compreendo, meu amo. Porém, como cuido de que a demência não afete o plano sexual das vítimas?

– Esse problema é seu, escravo. É por isso que o envio para experimentar o campo do desespero, porque você bem sabe que se não cumprir o trato vou deixá-lo preso por muito tempo, ou o lançarei no círculo da demência, onde por força coletiva também terminará cego.

– Como assim, por força coletiva?

– Bem, a massa de loucos e cegos de consciência é tão grande que eles vibram loucura, demência e outros estados alterados de consciência o tempo todo. Basta que conviva de um a dez anos para sentir o gosto de estar entre os loucos, hahahaha!

– Não, meu senhor! Suplico que não me deixe cair nesse lugar...

– Então cumpra seu trabalho, escravo. Ou você é um bom aluno ou é um perfeito idiota que queria a independência por intermédio das trevas. Mas tenha em mente algo: ninguém é independente e dono de seu destino aqui, sempre haverá alguém mais poderoso que vai dominá-lo. A hierarquia aqui é oligárquica, o que lhe diz que para alcançar a alta cúpula da escuridão não se trata de ter matado apenas alguns plebeus de um castelo, hahaha.

– Sim, meu senhor, entendo... – eu disse baixando a cabeça, por compreender a grande magnitude do império da escuridão e saber que um caminho muito estreito entre a demência e a sanidade negativa me esperava.

* * *

O chefe caminhou por aquele lugar e levou consigo um dos seres dementes, apertando intensamente sua cabeça. Dela saltaram dutos energéticos que se conectaram com centenas de espíritos ao redor, os quais nos lançaram olhares frios e desequilibrados, de certa forma intimidadores, mas com os quais logo nos acostumamos. O chefe havia dado sinais mentais para que todos obedecessem à minha energia. Assim que soltou aquele ser possuído, todos viraram o olhar para mim.

– Está aí, Wither. Pronto para atender a tudo que pedir. Só não vá abusar de suas escravas loucas, hahaha!

– Não, chefe. Não tenho essa necessidade agora.

– Tanto faz o que sinta. A demência feminina desse círculo às vezes não pode ser controlada, e o sexo se converte em uma forma de ataque. Por isso, disse-lhe que cuide para a lua não os influenciar até esse ponto.

– Levarei em conta cada palavra sua.

– Bom mesmo. Agora andem!

Ele desapareceu. E ali ficamos, eu e os escravos. Fechei os olhos por um momento e procurei concentrar-me no local do trabalho. Viajei mentalmente por aquela comunidade, verificando todos os cantos, a fim de entender onde estava indo. O desejo sexual acumulado por eles era tão intenso, que fiquei preocupado em lidar com essa massa de dementes que não tinham a menor racionalidade em obedecer às minhas ordens. Mas como me era tão exigido que a meticulosidade não desaparecesse de meu trabalho, comecei a analisar cada uma das pessoas daquele local e os seres que iriam comigo para o trabalho. Isso me tomou o tempo de um ciclo lunar, sem ter nem sequer chegado ao lugar ou deixado nossa realidade.

Uma vez que todos haviam sido analisados, e eu já havia notado em qual vibração estavam, tratei de não me esquecer de todos os peões envolvidos nesse jogo de poder.

Como uma massa de nevoeiro e cinzas, subimos por um círculo umedecido com sangue e rodeado de espinhos que se moviam de forma coordenada. A entrada para a outra parte dava justamente embaixo da cama de um padre sombrio, que já estava de pé à nossa espera, entoando uma língua que, embora eu não soubesse sua origem, nos permitiu entrar em sintonia, e me materializei de uma determinada maneira.

– Salve, meu Senhor das Trevas! Finalmente ouviram nossas maldições – disse sorrindo e atordoado o responsável pela evocação, enquanto me observava atentamente.

– Que desejam? – eu respondi, disfarçando minha surpresa de ver minha mão com uma cor da pele ligeiramente mais clara e translúcida e notar que minha roupa era uma túnica azul-escura.

– Fizemos o maior sacrifício para tê-lo aqui, meu Senhor. A razão é acabar com o reinado do maior idiota que nos deixou na pobreza. Por ter poder material, nos sujeitou à pior das fomes, além de ter separado essa comunidade em duas, estando de um lado os pobres e do outro os abastados. Assim, nessa maldita comunidade, ele se tornou intocável por ter um reinado não só aqui, mas também em várias cidades. Seu poder se estende a várias terras que não conhecemos. Finalmente, esse rei pervertido tomou minha filha há muitos anos, matou minha esposa e enforcou minha mãe, por considerá-la uma bruxa. Ele tirou todas as mulheres de minha vida. Por isso, desde aquele instante estive na escuridão de meu destino, preparando as forças das trevas, para que eu o encontrasse aqui com o melhor pagamento que poderia ter conseguido. Vire-se, senhor, para que possa ver o altar da morte que lhe fiz.

Virei-me lentamente e fiquei mais do que impressionado com a montanha de mortos. Todos degolados e nus. Havia muitas bebidas que formavam um círculo em torno deles. Dentro de cada copo, sangue. Como estavam meticulosamente empilhados, pude notar que nenhum dos homens tinha seus órgãos genitais, que foram colocados sobre um manto negro junto a velas acesas. Fitando o padre de forma energética, pude sentir a conexão uniforme com todo esse sacrifício em massa. De cada copo saía um filamento vermelho brilhante que se ligava aos outros copos, os quais, por sua vez, se uniam em um só nó que se conectava ao monte de genitálias sobre o manto negro. Por cima desses órgãos erguia-se a figura de um ser sem forma que exibia dois olhos azuis brilhantes, observando-me atentamente. Como eu percebi tudo, baixei a cabeça em reverência e respeito, porque aquela consciência a me observar estava acima de meu chefe, em poder e hierarquia. Finalmente, daqueles mesmos olhos saía um cordão preto que estava ligado ao meu corpo, materializando-me naquele lugar.

– Esses farrapos aí, meu senhor, são raptos que fizemos durante muitas noites. Mulheres e homens que adoravam um falso rei. Todos eles foram alimentados com carne humana; eu os preparei bem, como havia me ensinado um mestre das trevas que também foi assassinado pelo rei ao se dar conta de que estava fazendo o mesmo que faço agora, preparar a maior batalha que poderá acontecer.

– Compreendo. Deixe-me analisar sua oferenda negra e já lhe direi como procederemos.

Fui me aproximando lentamente da oferenda, e concentrando meu olhar naqueles olhos que me observavam consegui entrar em um grande túnel cristalino, onde notei centenas de olhos a me examinar. O desejo reinava naquela realidade, eu podia sentir como meu corpo energético ia sendo regenerado por filamentos de força e poder. Ao longo pude visualizar uma grande porta feita de ossos humanos, em que estavam incrustradas sete cabeças de mulheres, as quais também me observavam. Avancei com velocidade em direção à porta, e aquelas cabeças emitiram um grito tão agudo que caí no chão desesperado, tratando de tapar os ouvidos. Quase perdendo a consciência, vi que a porta estava se abrindo. Levantei-me e fui me arrastando para seu interior. Lá estava um dos castelos mais impressionantes que já tinha visto. Tudo era de cristal, o piso e as paredes translúcidos. Dentro dele era possível ver consciências voando e batendo com suas mãos ensanguentadas o piso e as paredes. Assim que voltei meu olhar para um daqueles azulejos, fiquei paralisado com o rosto de uma mulher que, em uma fração de segundo, me mostrou o rosto de minha mãe e de outras mulheres que matei naquele castelo, em minha última vida. Não pude evitar e caí em pranto, porque havia entrado no mais profundo de minha dor, onde eu desejava que ninguém entrasse. Como não queria cair no jogo da manipulação, porque também o conhecia, limpei meu rosto e levantei o olhar até o trono que ficava distante, no fim daquele local.

– Que faz em meus domínios, escravo?

– Senhora, não sei o que faço aqui, e não sou seu escravo.

– Quando entra no domínio de alguém nas trevas, converte-se em seu escravo por natureza. Entrando no espaço alheio, você tem três opções: ou luta e ganha seu lugar, ou perde e se entrega ao dono do domínio, ou negocia e abre passagem a outro local onde poderá receber favores.

– Pois prefiro negociar com a senhora, quando eu souber onde estou e a quem dirijo a palavra.

– Este domínio é conhecido como "Sete Pedras Negras". Aqui trabalhamos sobre as paralisias emocionais nas distintas virtudes do ser humano. Sou Guardiã das Sete Pedras Negras, e é em meu mistério que está atado aquele trabalho que você viu na Terra.

— Desculpe por eu ter me dirigido tão mal à senhora, guardiã — eu disse de cabeça baixa e sem me aproximar.

— Desculpa aceita. Agora, olhe para mim, Wither.

— Como sabe meu nome?

— Como não saberia? Todos os que entram em um domínio alheio estão expostos a ser analisados e indagados, porque ao não vibrarem o mesmo que o domínio, passam a ser isolados para preservar o lugar.

— Compreendo — balbuciei enquanto erguia o olhar e caminhava até ela. Seu corpo era um dos mais belos e atraentes que puder saborear com meus olhos. Entre suas pernas havia uma pedra brilhante da qual eu não conseguia desviar o olhar. Levantei um pouco mais o olhar e fixei meus olhos em seus seios, que tinham uma tatuagem com escritos em uma língua que eu não conhecia. Finalmente, seus olhos me expressavam um desejo muito profundo que me levaram a uma ereção incontrolável.

— Cuidado, escravo. Sua ereção aqui é como um assobio agudo que chama as mais desequilibradas no sexo, que virão esgotá-lo por completo.

— O que significa "por completo", Guardiã das Sete Pedras Negras?

— Significa que reduzirão sua genitália a um pedaço grosseiro de pele enrugada sem energia.

— Pois não sei como evitar ficar ereto, enquanto a observo tão exuberante e atraente.

— Olhe para cima e vai ver algo que apagará um pouco seu desejo.

Fiz o que ela havia me ordenado, e observei uma maravilhosa conexão de linhas e formas que se moviam com um céu totalmente estrelado que carregava em suas constelações formas que se uniam como se fossem pessoas, que logo se transformavam em animais; tudo isso entre as sombras e a escuridão. Meu desejo se acalmou, mas minha curiosidade apenas aumentava.

– Como se processa o tempo na Terra, enquanto aqui se passa de outra forma?

– Todo elemento ativado sob uma evocação, que convoca forças que não coincidem com a energia do lugar, chama não apenas a um estado da criação, como também a um tempo e espaço completamente diferentes. Enquanto você está aqui conversando comigo, o tempo transcorrido na Terra é de apenas alguns segundos.

– Mas como lá pode ser tão curto esse tempo e aqui tão rápido, se as trevas sempre foram associadas ao lento, ao espesso?

– Não confunda, escravo. As trevas, às vezes, têm uma velocidade muito maior que a da própria Terra. É assim porque o desejo negativo do ser humano torna lenta a criação. Tudo que existe aqui nas trevas é por causa da pocilga alimentada pelo ser humano.

– Aprendo mais com a senhora do que com meu próprio chefe.

– Seu chefe? Hahaha! Ele é um simples súdito de outros chefes. É apenas um guardião dos próprios desejos que aprendeu a ter escravos, porém em seu interior não há nenhum mistério. Você, pelo contrário, tem algo que é bastante atrativo para muitos.

– Não o conheço muito bem, porque não estamos para isso nas trevas. Só é possível conhecer alguém quando esse ser forma parte de seu grupo de súditos.

– Assim é. Então, você está disposto a sair daquele círculo e ser meu escravo, condicionado a aprender e obedecer aos meus desejos e vontade?

– Depende. Meu chefe me havia prometido que eu teria todas essas mulheres que estão na Terra, além de já ter uma que me espera nos domínios dele.

– Essas mulheres são minhas, assim como o grupo que você evoca. Tudo é meu e só poderá ser seu se me vencer, forçando-me ou negociando comigo.

– Mas não é minha vontade lutar neste instante. Porém, detesto humanos estúpidos que se baseiam nas forças ocultas para tomar o controle sexual de outros humanos. Detesto o abuso de liberdade como um princípio de controle que esses malditos estabelecem em terra, e com gosto vou assassinar todos os que vibrem semelhante desejo negativo, por causa de uma ignorância, de um instinto procrastinado.

– Não é conveniente que você comece nenhuma luta comigo. Vai terminar se convertendo em um objeto sexual que não terá descanso, porque só encontro a energia que move outras em sua ereção.

– Como é essa história da ereção?

– Quando sua genitália está ereta, ela exala uma força sexual que busca três caminhos: compenetrar-se com outra energia; descarregar sua energia; flagelar a própria consciência que o desperta.

– Como um genital flagelaria minha consciência?

– Pois lhe darei um exemplo vívido!

A guardiã irradiou energias que envolveram meu corpo como se fossem mãos, incendiando o maior prazer que eu havia sentido em toda a minha vida. Comecei a sentir uma excitação tão profunda que tive desejo de possuir todas as mulheres que se encontravam me olhando por trás das paredes translúcidas. Mas o desejo logo virou dor. Quanto mais eu desejava, mais doía, e ali começaram a ser anulados os pensamentos e desejos, mas a força que havia sido concentrada em meu genital não me deixava operá-lo de maneira voluntária. Sentia uma pressão tão intensa que caí no chão gemendo de dor. Pedi aos gritos que parasse com aquilo, até que finalmente perdi a ereção.

– Agora você sabe o que significa flagelar a própria consciência que o desperta, hahaha!

– Foi uma péssima experiência. Há muito tempo eu não sabia o que era sentir dor.

– Aprenda, escravo. Nem sempre será vendo a dor alheia que compreenderá certas manifestações. Nas trevas, a dor ensina mais sendo vivida do que observando como ela se comporta em outra consciência.

– Assim o farei, minha rainha. Um último pedido...

– Fale antes que o tempo de lhe explicar as coisas acabe.

– Qual é a diferença entre subir de hierarquia com você ou com meu chefe?

– Reles escravo, você é regido aqui por um mistério pertencente ao Senhor da Escuridão, que o rege em um desejo pessoal disfarçado de poder.

– Então, que seja sua vontade.

A guardiã sorriu e se levantou do trono enquanto caminhava de forma muito sensual até mim. À medida que eu sentia sua chegada, tremia e começava a ficar excitado de maneira tal que queria possuí-la por inteiro. Ela sabia, e seu sorriso mudou para uma gargalhada. Finalmente estávamos pele a pele. Sentia algo deslizando por meu pescoço enquanto raízes subiam por meus pés. O chão se abriu, ela permaneceu levitando e eu caí na possessão de seu mistério.

– Enfim tenho a peça que me faltava. Você é tão ingênuo, idiota e teimoso acreditando que eu lhe daria facilidades aqui!

– Maldita! Sairei de seus domínios e tomarei sua coroa. Roubarei suas pedras e abusarei de você até esgotar seu interior.

– Quer ver, escravo. Por enquanto você ficará afundado entre as mulheres que tanto desejou. Só que não vão ser suas escravas, apenas esgotadoras por toda a eternidade. Agora, vá se divertir com o resultado de sua ambição, hahaha!

Senti uma cobra cravar suas grandes presas em meu pescoço e um líquido negro percorreu cada parte do meu corpo, enquanto eu ficava em um estado de demência e desejo sexual desenfreado. Finalmente, as raízes tomaram conta de meu corpo e me tornei parte delas. Fui sendo absorvido por aquela terra fétida ao mesmo tempo que passava pelo pior dos abusos sexuais, em todos os sentidos. Queria dormir e despertar somente quando esse martírio tivesse passado. Mas ali estava vendo cada ser que eu possuía e por quem era possuído. Corpos totalmente deformados me beijavam enquanto saía todo tipo de vermes de suas bocas, os quais, por sua vez, mordiam e arranhavam meus lábios e meu rosto. Meu corpo estava completamente disforme, e eu já não parecia um humano. Tinha me tornado um ser assustador, que só vibrava dor e ódio pela luz e pela escuridão.

:: As Trevas do Esquecimento ::

Passei muito tempo sem poder falar nem me mexer. Eu havia me tornado a raiz que tina me capturado. Não podia estimar por quantos dias ou anos estava naquela forma. Eu era apenas uma consciência que reconhecia sua limitação e não podia sair daquela prisão em que me colocaram. Já estava acostumado ao lugar, era parte daquele ecossistema podre, como se fosse um tronco. Estava petrificado vivo, apenas um pedaço esquecido nessa parte das trevas.

Como meus lábios se transformaram em raiz, não podia interagir com ninguém que circulava naquele lugar de aparência carbonizada, de tom cinza-escuro, onde a luz se resumia a tochas repartidas por todo o prédio. O piso era úmido e fétido. Havia um caminho com água podre pela qual saltavam uns peixes de olhos vermelhos que se alimentavam dos seres que passavam perto deles, mordendo-os com seus dentes e presas instantaneamente. Quando alguma consciência caía naquele solo, centenas deles se apoderavam dos corpos, secando-os por completo, restando somente um ser de aspecto cadavérico que respirava com muita dificuldade.

A única coisa que eu não havia perdido foram meus olhos. A maldita guardiã tinha me deixado com a visão em total plenitude, a fim de que eu pudesse ver e aprender sobre minha ambição, mas meu plano de destruir seu domínio seguia de pé. Tentava fazer que a cada vez que alguém passasse perto de mim me observasse para eu pedir que cortasse meus lábios, que estavam unidos à fibra de uma árvore de frutos negros bem à minha esquerda. Eu só via uma espécie de seres que vinham comer da fruta, que aparentemente tinha propriedades afrodisíacas desequilibradas que levavam à demência sexual aquele que dela comia.

Depois de longas tentativas de chamar a atenção, vi uma mulher passando lentamente. Tinha a perna totalmente mutilada desde os joelhos até a vagina, porém seus pés estavam intactos, apesar de tanta podridão.

– Ouça, mulher! Olhe para mim – pensei, e ela respondeu baixando o olhar e focando diretamente em meus olhos.

– Que houve com você?! – disse, surpresa, enquanto se ajoelhava observando meu rosto.

– Fui colocado em uma trama, mas vou me vingar. Pode cortar meus lábios ou abrir com as mãos? Assim deixo de usar a força mental...

Ela colocou suas mãos entre as raízes que tapavam meus lábios, enquanto ia arrancando. Gritei tanto de dor que chamei a atenção de vários seres que se aproximaram para ver o que acontecia. Com em um ato de colaboração, todos começaram a arrancar as raízes que me rodeavam, provocando assim a maior das dores que eu já havia sentido em toda a minha existência. Eles, ao perceberem a situação, se afastaram, deixando meu corpo dilacerado.

– Não sei se agradeço ou os praguejo, porque meu corpo está destruído!

– Pode me agradecer – a senhora disse, aproximando-se de mim.
– Por favor, não deseje que eu a possua agora, não encontrará qualquer líquido vital para você.
– Vejo que não. Há quanto tempo você não se deixa levar pela força do desejo?
– Há muito tempo. Por causa desse desejo é que vim parar aqui.
– Deixe-me curar suas feridas. Do jeito que faço, quando estiver curado, em troca desse favor, poderá me possuir.
– Curar minhas feridas nas trevas? Não se dá conta de que não há remédio para a dor aqui?
– Não há externamente, mas existe dentro de mim. Porém, só o mostro no caso de outro ser me pedir.
– Só vendo para crer, mas antes me diga seu nome.
– Quero mantê-lo em segredo, e você?
– Wither, uma dor conhecê-la.
– Hahaha, muito prazer e dor, Wither.
– Agora me ajude, por favor!
Ela me arrastou para outro lugar. Aparentemente, só havia umas pedras e era uma parte mais seca que a anterior. Recostei-me junto a uma pedra. Ela abriu as mãos e as cobriu com um lenço negro que estava preso a seu pescoço, que eu não havia visto antes.
– Esse lenço não estava aí.
– Sempre esteve, só que se misturava à cor da minha pele. É minha ferramenta de trabalho.
– Ferramenta de trabalho?
– Sim. Quando chegar o momento, algum elemento vai escolher você nas trevas, ainda que muitos queiram alguém para o combate.

– Ah, vá! Nunca soube disso. Meus trabalhos sempre foram mentais, ainda que eu tenha usado elementos para ataques intangíveis.

– Sim, para ataques mentais ou emocionais são usados instrumentos com memória energética. Porém, isso que carrego é um elemento relacionado a meu mistério, que ainda não descobri.

– Mistério? É a segunda vez que ouço isso. Primeiro, foi da maldita rainha traidora. Agora, de você.

– Essa maldita era minha rainha, e eu, uma de suas princesas. Porém, quando desejei ser livre e buscar novos domínios, ela queimou minha genitália com um fogo gerado em um de seus mistérios. Esse fogo agora jaz em minha genitália. Seu efeito só se acalma quando consigo fazer sexo com outro ser. E uma vez que ele chega ao orgasmo ou ejacula, e vice-versa, essa mesma energia vai até a genitália dela, alimentando-a. Daí vem seu poder, já que quase todos os seres que você vê aqui têm seu genital atado ao dela.

– Agora compreendo muito mais de onde vem essa força à qual não pude resistir. Ela me capturou com essa energia, levando-me a uma escravidão mental instantânea, até que me jogou aqui.

– Estou percebendo que você não é um ser comum, mas vejo em você um desejo tão negativo que não compreendo o ódio que acumula de maneira desnecessária.

– Não é em vão que venho acumulando pragas em minha consciência. A humanidade é a pior coisa que existe. Tudo que está construído aqui é feito à base de dor da própria ignorância do ser humano. Eu diria que a ignorância é a matéria-prima das trevas.

– Mas todos têm direito de cair e começar de novo. Creio que você deveria abrir mais essa consciência e se purificar.

– Como, me purificar? Hahaha. Prefiro continuar apodrecendo neste lugar antes de mudar minha ilógica razão, porque sei que está longe de mim aquela luz que transforma, por isso me transformarei em meu próprio dono e mandarei nas trevas como melhor me pareça! Se a dor é a moeda que compra tal libertinagem, estou decidido a pagar cada segundo nessa porcaria!

– Não posso mudar esse jeito de pensar, mas já vou avisando que a luz é implacável. O mesmo acontece nas trevas. Já vi seres que acabaram transformando-se em grãos de areia tão pequenos que alguns chefes guardavam em bolsas, mas juro que ficavam como grãos de areia.

– Nossa, que interessante... Isso sim é importante de saber e ouvir!

– Cale-se! Aí vem um guarda.

Ela começou a chorar e eu voltei a meu estado de petrificação. Ele nos observava, mas se deteve a ela, tirando o lenço negro e rasgando a pouca roupa que lhe restava. Vários guardas saltaram sobre ela, violentando-a de forma bruta. Ela gritava desesperada. Tentei desviar o olhar, mas quis observar cada detalhe. A penetração era a menor das violências que eu podia entender, mas o resto das conexões pelos dutos energéticos que sugavam uma espécie de líquido brilhante me chamava a atenção. Não passou muito tempo e eles se afastaram lentamente enquanto davam gargalhadas. Um deles abriu um saco que portava, de onde retirou um pó e o soprou sobre o corpo da mulher. Instantaneamente, o pó se transformou em uma rede que alimentou o corpo dela com uma energia que a deixou totalmente excitada, obrigando-a a tocar-se por inteiro.

– Ei, o que está fazendo? – perguntei-lhe enquanto desfrutava de sua excitação.

– É algo involuntário, mas quando me toco sinto menos dor. Porém, volto a acumular energia sexual doente.

– Isso só acontece com as mulheres?

– Não! Tanto o masculino quanto o feminino alimentam toda a fonte energética deste lugar. É como uma rede de genitais conectados.

– Genitais conectados?

– Sim. Minha energia se une a outra que teve o mesmo efeito, e assim vão se conectando para finalmente se acumularem em uma espécie de usina sexual, que é utilizada para trabalhos negativos em dimensões paralelas a esta.

– Bem interessante, hein? E quem é a dona da usina?

– Pois é a mesma que o lançou nesse estado nauseante em que você se encontra.

– Essa maldita pagará!

– Melhor ficar calado, pois podem nos escutar! Deixe-me terminar com essa rede e depois conversamos.

Ela continuou se excitando, enquanto eu a observava. Tentei concentrar a pouca visão que tinha e pude perceber como veias de luzes avermelhadas saíam de seu corpo e se dirigiam a outra rede que estava distante de nós. Realmente eram cadeias sexuais. Um desejo em massa que sustentava o lugar. Deixei como uma lição pendente entrar nos mistérios sexuais e ver como podia me elevar por meio disso, algo que realmente me intrigava.

– Já terminou o efeito – ela disse, nua diante de mim.

– Seu corpo parece mais fortalecido! – respondi observando-a detalhadamente, enquanto me surgiam ideias perversas e obscenas.

– Só por fora. Por dentro levo o veneno de captação de escravos como você.

– Como pode carregar veneno tendo essa aparência?

– É algo tão comum aqui quanto no lado material da vida. A aparência de mulheres voluptuosas, que buscam e gostam de sexo, leva escondido o veneno como pequenas fontes de energia que excitam seus parceiros, sejam homens ou mulheres. Quando a penetração acontece, independentemente do orifício, se dá a primeira conexão mais vulnerável do ser humano, a sexual. Uma vez escolhida a vítima, além de sugar a fonte escrava, nesse caso eu, também suga a fonte dona, que é a rainha deste lugar. Então, quando há trabalhos sexuais, nos quais devemos destruir relações, são escravas como eu que se encarregam de acompanhar os processos sexuais clandestinos.

– Que excelente explicação. Creio que aprenderei muito com você. Posso adotá-la como minha professora?

– Não me considere professora, sou uma escrava com experiência.

– Bom, escrava com experiência. Posso ser seu escravo, dependente de seu conhecimento?

– Você não é meu escravo, mas um estranho que está petrificado em um lugar inóspito das trevas.

– Pois esse escravo está sedento de conhecimento.

– Que deseja saber?

– Lembro-me de que em minha última vida uma mulher ruiva me encantava completamente. Sempre quis possuí-la, mas não podia porque éramos de classes diferentes. Minha família trabalhava no castelo, ela, por sua vez, era uma das princesas daquele reino. Ela me observava muito, e chegamos a praticar jogos sexuais sem penetração. Não nego que essa situação me causava delírio, porém não compreendia o porquê de tanto cansaço e pesadelos depois dos jogos.

– Nem sempre é necessário haver penetração para entrar nos domínios sexuais, onde você se torna um doador de energias. Há três tipos de conexões sexuais: a que eu lhe disse, que é por penetração; outra é por aproximação; e finalmente há a mental. O caso da proximidade está relacionado com cordões, duas pessoas se veem e se excitam sem haver penetração. Nessa circunstância, centenas de cordões se unem ao corpo trocando entre si um forte e intenso desejo, que toca as portas das trevas, sempre e quando aquele casal não for unido pelo amor sagrado. Ambos vão criando uma sintonia sexual que começa a acumular a massa energética que termina caindo no ambiente como um pedação de pão para os ratos. Finalmente, depois da conexão chegam espécies de sugadores que transportam a energia sexual dispersa no ambiente até as dimensões inferiores. Ainda, temos a mental, que se baseia em uma forma de pensamento, o que ativa é o que se pensa. Se seu pensamento possui uma pessoa conhecida, os cordões sexuais do pensante vão até a ilusão que, por sua vez, se une à figura do excitador, que pode ser uma pessoa concreta ou situações. Então, quando começa a materialização da ilusão, ou seja, a masturbação ou a carícia vai preenchendo o ambiente com uma energia sexual pronta para ser sugada por essas criaturas. Porém, no caso mental esse pensamento ativador da excitação fica em um nível maior que a matéria, com a possibilidade de se converter em uma forma de pensamento muito mais assentada, isto é, de uma ilusão a uma materialização do feito. Daí, chegam as infidelidades no plano material, e assim é como nós escravos procedemos: primeiro geramos uma imagem, a potencializamos usando a própria energia sexual da vítima arquiteta de suas trevas, e essa matéria-prima sexual se torna realidade com nossa intervenção. Por isso, do mental à aproximação, e da aproximação à penetração, e nesse triângulo de força sexual se dão as traições-ciúmes, obsessões, fantasias desequilibradas, orgias, violações e outros casos do mau uso da energia sexual.

– Que vontade de fazer esses trabalhos, gostaria realmente de ter esse conhecimento aplicado à minha forma de trabalho. Porém, no caso de ser um espírito masculino, essas conexões são iguais?

– Claro! Se sua atração é masculina, sendo homem ou vice-versa, existe uma conexão igual. A sexualidade é assexuada na hora de ser manipulada como um conceito de energia. Além disso, como energia sexual sua base não diferencia a humana da animal. A conexão sexual independe da espécie. Ambas em seu caso reproduzem, porém é na reprodução que cada uma se diferencia.

– Então, mesmo tendo relações com um animal haverá troca de energia?

– Claro. Porém, nesse caso a troca de energia não perdura no corpo de ambos, é um desprendimento direto. Sempre foi comum na humanidade haver esses desejos doentios, porque não é que busquem o coito com o animal, mas procuram a conexão por meio da força do instinto.

– Ou seja, é como ter relações de animal para animal?

– Não. É como ter relações de instinto a instinto.

– E quando são utilizados objetos sexuais?

– São apenas artifícios que despertam ou aceleram a excitação. Porém, é a mesma finalidade: multiplicar o desejo e despender a energia sexual acumulada.

– Mas quando a violência está envolvida, o que acontece?

– Não varia muito, só abre outra dimensão que está relacionada com o ódio. No caso de uma violência ou relação sexual com golpes ou dores voluntários, há por um lado a dimensão do ódio e, por outro, a sexual. Por isso, há violadores que encontram a excitação no homicídio. E dali nasce a chamada necrofilia, que é a fusão da dimensão do ódio e da sexual, em que há como base a ausência de vida como um objeto de excitação.

– O que tem a ver o ódio com a morte?

– O ódio é a ausência do amor, o amor é a vida. Então, quando há ódio, não há vida, e por consequência predomina a morte como o objeto sobre o qual o ódio descansa. Por isso, alguns terminam nas faixas energéticas onde um morto o excita. Para a humanidade, é uma demência tremenda, mas nas trevas é somente uma faixa de ação a mais.

– O que quer dizer com faixa?

– A faixa é como dizer "a casa". Há uma faixa para cada fusão de energia. Nesse caso, é uma faixa tripla, em que a morte, o ódio e o sexo se unem. Essa faixa tem uma vibração que só o ser humano que chega a concretizar em Terra consegue unir-se à faixa. Portanto, há "casas" para cada ser humano com seu desequilíbrio mental, sexual, emocional.

– Isso é bastante perverso, mas muito intrigante. Quando eu sair desse estado, vou querer trabalhar nisso que você está me contando.

– Está disposto a seguir fazendo o mal.

– Já me considero um artista para causar dor nos humanos. Antes de desencarnar, assassinei muitas pessoas, criando sulcos em seus corpos. Parecia-me uma expressão da inspiração do ódio que morava em mim, graças ao que vivi desde a infância.

– Pois eu gostaria de evitar voltar a estar nessa sintonia.

– Mas não vai poder se libertar jamais. Será sempre uma escrava sexual, por que não deseja converter-se em rainha de sua liberdade?

– Tem razão. Você acredita que é melhor dominar o pior que há em mim para sair daqui.

– Claro, vejo que você não pode escalar com arrependimento. O tempo se alarga e a luz não chega. Conheci consciências que esperavam a chegada da luz que nunca veio. Então, é como escalar uma montanha de dor e ódio; a melhor maneira é sendo o melhor causando o mal. O respeito na escuridão se nutre da habilidade que possui de apagar a luz, então isso é o que persigo.

– Realmente nunca pensei dessa maneira, mas vou refletir sobre isso enquanto sigo meu caminho.

– Ei, mas como saio desse estado. Necessito que me ajude!

– A única forma é pela energia sexual. Você se apressou, porque ela acelerou sua excitação e a petrificou em uma deformação. Ela o deixou enlouquecido com o desejo sexual?

– Sim, primeiro eu não tinha controle, logo depois veio o desespero.

– Foi quando ela conectou sua fonte ao seu genital e fez de você escravo.

– Maldita...

– Vou fazer o sacrifício de lhe doar energia. Ainda que me excite pensar nisso...

– Agora sim, sou seu escravo. Faça-me seu por um instante.

Ela se lançou sobre meu corpo apodrecido, endurecido como uma pedra, e com o genital enraizado com a terra úmida e nauseante. Começou a me tocar lentamente e de suas mãos saíam fios vermelho-escuros. Meu corpo começou a recuperar a forma e meu genital se desprendeu do solo, recuperando seu aspecto natural. Finalmente, depois de um longo tempo, comecei a ver meu corpo em seu estado original, e chegou o momento da penetração. Foi intenso, brutal e de uma dose de descarga. Ela terminou dilacerada, com o corpo destruído por eu tê-la sugado completamente. Não podia me dirigir uma palavra e seu olhar estava perdido. Coloquei-me de pé e levei minhas mãos até seu corpo. Voltei a mentalizar a penetração sexual e enviei essa energia até ela. Depois de um tempo, ela recuperou a fala e o movimento de seu corpo.

– Por que você se desvaneceu dessa maneira?

– Porque decidi lhe entregar tudo o que eu havia acumulado. Era a única forma de ver seu estado natural. E perceba que está bem, dotado de um corpo exuberante.

– Hahaha! Quer tentar novamente. Agora sinto que tenho muito acumulado.

– Não se exiba, pois não utilizei minha fonte escrava em você!

– Como? Não entendo.

– Eu não o possuí, mas, sim, você a mim. Somente me coloquei na postura de doadora passiva esperando ser escrava de alguém.

– Não tenho como retribuir, então me converto em seu escravo.

– Não quero escravos, somente que me deixe sozinha e continue seu caminho.

– Está bem. Quando eu for rei, irei convidá-la a meus domínios, mas não será minha escrava, e sim minha companheira de trono.

– Quero ver essa noite, mas não gosto de reis que fazem o mal.

– Faço mal a quem merece. Odeio o humano ignorante, que destrói vidas sem se reger por uma Lei Maior que seu próprio ego. Então não tenho piedade com essa classe de inconscientes.

– Mas você foi um desses inconscientes!

– Não! Agi sob um ódio acumulado durante mais de 30 anos, mas chegou o momento em que revelei isso com uma ação que me trouxe até aqui. Porém, é melhor que não opine, já que não tem ideia do que passei em minha última vida.

– Está certo, Wither.

– Como sabe meu nome na Terra?

– Porque fui uma das que assassinou. Era uma das donzelas daquele lugar.

– E como veio parar aqui?

– Porque, ao desencarnar, meu desequilíbrio emocional foi tanto que comecei a buscar lugares para sentir o sabor da matéria, e o sexo foi a melhor saída que encontrei, ainda que o sofrimento continue reinando até hoje. Participei de várias orgias, sendo uma a mais na cama. Fui violentada, mas a dor me dava prazer. Até que uma noite aquela rainha me conheceu e me convidou a fazer parte de seu grupo executor. Eu me saí bem, mas, lamentavelmente, quando comecei a executar trabalhos de forma mais contundente, ela sentiu medo de meu poder e acabou me lançando nas profundezas dessa prisão. E venho perambulando há mais de 50 anos, usando a referência da Terra. Todos os dias vou encontrando algo novo. Realmente esse lugar não tem fim.

– Pelo menos você teve a experiência de ser uma autêntica executora. Agora, posso olhá-la de outra forma. Só não compreendo por que renunciou à violência, sendo que tem a habilidade necessária para ser outra rainha.

– Porque entre tantos trabalhos que realizei, havia encontrado grupos de seres que trabalhavam nas trevas, mas que não deixam de ter contato com a luz. Eles me mostraram que podem seguir com seu aspecto concentrado e sombrio e ainda ser servidores do Criador.

– Só vendo para crer. Como você se chama? – disse, enquanto colocava em dúvida cada palavra que ela dizia.

– Meu nome é Arujyela.

– Encantado de conhecê-la, Arujyela.

– O prazer é meu, Wither.

– Pois, você quer que eu saia. Então, eu irei. Alguma sugestão para poder escapar desse lugar?
– Sim, escute seus passos atentamente para entender quem caminha atrás de você. Não volte a ver a silhueta de sua execução, somente veja adiante, buscando a sombra daquele que o vigia. Cada vez que vir uma faixa de luz cortando a escuridão desse cárcere, vá atrás dela, porque esse pode ser um sinal de que a saída se encontra por lá.
– Isso é mais que um enigma. Como o interpreto?
– Trabalhando sobre sua consciência invertida, se tanto deseja ser um rei nas trevas sem pertencer à luz.
– Consciência invertida. Quer dizer estar pleno para as trevas.
– Sim. Ou é da luz ou da escuridão, mas não poderá escalar estando com os pés em ambos os lugares. Ou anula seu desejo de voltar à luz, ou as trevas sugarão os pingos de luz que despertam em seu discernimento.
– Está bem. Assim o farei. Obrigado. Até logo, Arujyela.
– Até logo, Wither.
E saí dali caminhando nu para um lugar qualquer. Não tinha direção nem companhia. Apenas minha mente pronta para aprender o que qualquer consciência quisesse me ensinar.

:: Encontrando Resposta na Dor ::

Meu corpo sentia fome e sede. Estávamos tão perto da faixa terrestre que podíamos ver algumas vezes como chegavam espíritos de seres que ainda estavam vivos na Terra. Alguns vinham violentar como se o local fosse um prostíbulo sem dono, e outros eram trazidos para ser violados. Por onde se olhasse, se via dor e mais dor. Para não me unir à massa dos que sofriam, eu bebia a água podre do lugar, que me dava convulsões de longa duração. Quando a fome chegava, terminava comendo frutos negros pendurados em umas árvores vivas que respiravam emitindo gritos. Uma dessas árvores me chamava muito a atenção. Cada vez que estava perto escutava que alguém batia por dentro do tronco. Cheguei à conclusão de que esses frutos negros eram a energia expulsada pela árvore, como consequência dos seres que estavam aprisionados lá dentro. Não me considerava salvador de ninguém, então não me interessei por quem estivesse habitando ali. Enquanto eles sofriam, eu sobrevivia.

Em certo momento de meus trajetos, escutava como seres disformes pediam ajuda para que eu me aproximasse deles. Um em particular me chamava a atenção, e como era minha ideia aprender com a dor, inclusive a minha, certa vez decidi chegar mais perto.

– Ajuda! Suplico que me liberte desse sofrimento – gritava o homem, que tinha metade de seu corpo coberto de aranhas que o picavam cada vez que ele gritava ou se movia.

– Nossa, você está encurralado! Como ficou assim? O que o trouxe aqui?

– Eu violentava escravas que trazíamos da África. Estuprei grávidas e até suas filhas. Certo dia, uma dessas mulheres que violentei e matei depois despertou a ira de muitas outras, entre elas sua avó. A velha segurava uma aranha e a soltou em cima de mim. Essa aranha me picou e acabei tendo uma febre profunda que me deixou delirando. Certa noite, acabei despertando aqui com essas aranhas em cima de mim, e não consigo tirá-las. Já pedi perdão tantas vezes, que não tenho vontade de voltar a praticar os estupros, mas acho que se esqueceram de mim para sempre. Você é o primeiro ser que se aproxima para me escutar. Nem os guardas desse lugar prestam atenção em mim.

– Primeiramente, você merece tudo isso e me dá até certo prazer ver como elas cravam suas presas em seu corpo. Por outro lado, não poderei ajudá-lo porque essa maldição só poderá ser retirada por aquela consciência que ativou isso, e não tenho ideia de onde eu possa encontrá-la. Porém, o que farei é me sentar e ver como essas aranhas trabalham sobre sua consciência, enquanto me deleito com sua dor e dou um pouco de companhia a seu estúpido destino.

– Maldito! Saia daqui! – gritou o homem enquanto todas as aranhas moviam suas patas e cravavam suas presas afiadas no corpo dele.

Esses insetos estavam totalmente destinados a lhe causar dor. Retirei um deles, mas ele voltou e cravou-se em sua perna.

Procurei concentrar minha visão em uma das aranhas e consegui ver um cordão que ia para certa direção. Para não perder de vista aquele cordão, decidi me manter completamente concentrado e passei a segui-lo. Não sei o quanto caminhei, mas já havia me distanciado muito daquele lugar, inclusive a escuridão era quase absoluta e os gritos de desespero haviam diminuído. À medida que ia avançando, aquele cordão ficava mais nítido e sua cor tinha se tornado um lilás-escuro. Enfim, cheguei a uma cova iluminada por dentro. Ao entrar, vi que o cordão terminava em uma parede que não tinha qualquer orifício, somente um grande símbolo que parecia uma lua minguante, com tridentes de Netuno entrecruzados. Ao perceber que já não tinha mais nada para fazer com aquele cordão, comecei a observar os detalhes daquele local. Havia ninhos feitos com espinhos e ossos, as paredes estavam iluminadas com velas, o piso cheio de carne avermelhada como se fossem fibras. No centro, sete estacas de pedra rodeavam um buraco que exalava um aroma cítrico que me fazia recordar a pele das mulheres com quem eu havia estado. Isso me deixava bastante curioso, e como não tinha nada a perder porque já havia perdido tudo, decidi pular sem pensar.

A queda não terminava, e comecei a gritar desesperadamente enquanto sentia a velocidade em minha pele e minhas mãos encostando-se às paredes daquela vala. Aquele aroma me atraiu, mas começou a se transformar em cheiro de sangue.

Caí sobre uma montanha de corpos nus e disformes empilhados em estado de putrefação. Fui deslizando por aquele monte de seres até que consegui chegar ao chão. O ambiente estava coberto de sangue, não havia outra cor que predominasse naquele lugar, a não ser tons de vermelho. Pela primeira vez eu sentia temor, porque ninguém estava desperto. Era um lugar morto e esquecido. Se antes não havia como sair, agora estava em um lugar pior, que como o lixo das trevas.

    Comecei a gritar para ver se algo se aproximava, porém só escutava minha própria voz como um eco, mas que vinha acompanhado de uma risada macabra. Corri enquanto pisava em cabeças, peitos, genitais, intestinos, ossos e rostos disformes. Não conseguia ver outra coisa além daquela montanha pela qual deslizei. Era como o deserto, mas em vez de areia havia humanos. Sentia por baixo o calor do corpo de cada um. Em determinado momento, parei para poder acalmar minha mente e pensar em como sair dali. Saber onde estava significava compreender o lugar, então decidi mover corpo por corpo, ou seja, comecei a abrir espaço entre os corpos. Tirei uns 20 corpos da pilha, mas eu via que não adiantaria continuar porque eram muitos; era realmente desesperador. Comecei a chorar e o ódio começou a aflorar em mim. Eu odiava os humanos, todos que estavam ali, sabendo que por culpa deles esse local existia. Comecei a violentar cada um enquanto minha ira se transformava em golpes e danos físicos. Não sentia o cansaço, somente uma ereção que começou a provocar em mim uma dor indescritível. Meu pênis começou a sangrar, mas eu não podia parar; havia entrado em um estado de demência.

    Caí, finalmente, como mais um corpo e minha pele estava vermelha como o sangue. Converti-me em mais um daquele depósito de lixo humano. Entrei em um estado de letargia e dor profunda.

    Não me lembro de quanto tempo estive dormindo, mas fui despertado pela dor que sentia em minhas costas. Era como uma picada intensa. Estendi minha mão até a dor e senti uma grande protuberância; definitivamente, algo estava cravado em mim. Fiz um grande esforço para ficar de pé e comecei novamente a caminhar entre os corpos. Agora, com a impotência e o ódio nas costas. Em determinado momento, vi de longe que umas formas se moviam em minha direção. Assim que entendi o que eram me joguei no chão, com um medo tão intenso como nunca havia sentido. Eram enormes escorpiões destruindo os corpos, sem deixar nada pelo caminho. Pensei que pudesse correr, porém seria inútil, já que passei a ser inservível nas trevas. Tornei-me o mais débil, e isso eu não podia permitir. Então, fiquei ali em estado de total petrificação, enquanto me ocultava lentamente entre alguns corpos.

Enfim escutei os passos dos escorpiões. Eles pararam justamente sobre minha cabeça, e a penugem que rodeava suas patas fez cortes em meu rosto como se fossem lâminas afiadas. Consegui conter o desejo de gritar de dor e tratei de anular qualquer pensamento ou sentimento, mas foi inútil. Eles removeram os dois corpos que estavam em cima de mim e pegaram meu corpo, me enrolando com suas garras que dobravam meu tamanho. Um deles me colocou sobre seu abdômen e marchamos rumo ao vazio horizonte daquele lugar.

Não sei quanto durou a viagem, mas não deixei de observar por um instante sequer a paisagem assustadora que cruzávamos. Não era terra sob nossos pés, jaulas com espíritos gritando de dentro delas. O lugar ficava mais estreito enquanto as paredes engrossavam com sangue que corria como água entre os coágulos e cabeças de tamanho reduzido que choravam, gritavam ou estavam inconscientes. Seres presos por bastões se estendiam ao longo desse último trecho, cada um recebendo um tipo de castigo de seres encapuzados que lambiam as feridas que provocavam nos escravos. Tudo era estranho, atroz e assustador. Em determinado momento, o grupo de escorpiões parou a marcha e me jogou em uma fossa. Eu caí sobre outros seres em silêncio, mas com seus rostos entristecidos. Não quis falar com eles, pois sabia que esse local era sensível a sons alheios à sua frequência.

– Temos um novo visitante – disse um homem que estava de costas em um dos cantos.

– Tenho companheiros escravos novamente! – respondi.

– Sempre sarcástico, Wither, sempre.

– Quem é? Como sabe meu nome?

– Porque eu sou...

– Sou quem?! – disse, um pouco alterado por tanto drama.

– Deixarei um pouco mais fácil. Enquanto você criticava as pessoas, eu enaltecia sua ignorância. Enquanto ria porque a sorte permitia a você ter dinheiro nos bolsos, nós saqueávamos o pouco tesouro espiritual que lhe restava. Enquanto saboreava com seus olhos as mulheres alheias, nós desviávamos a atenção de sua mulher para outros homens. Enquanto se enchia de álcool por causa de um problema estúpido, nós repartíamos sua saúde com um banquete patrocinado por seu vazio consciencial. Enquanto você ficava sem vontade na cama, desfrutando de um efêmero prazer de ter a matéria relaxada, nós levantávamos bem cedo para destruir seu dia e seus projetos. Enquanto você evitava receber ajuda espiritual, nós o colocávamos sob o manto das trevas que não lhe perguntava se precisava de algo. Somente se encarregava de lhe dar coisas para tirá-las em dobro. Enquanto você envelhecia com seus sonhos, nós rejuvenescíamos por ter cumprido com o trabalho de criar obstáculos com seus próprios defeitos. Enquanto você tentava amadurecer, nós o apodrecíamos por dentro.

Após uma pausa, colocando-se bem diante de meu rosto, terminou dizendo:

– Não nos chame de maus ou vingativos. Foi sua culpa, é seu defeito, foi seu conformismo, foi seu desejo latente, foi sua vontade cansada de não desejar, foi seu pensamento enfadado de pensar mal... O problema não são as trevas de fora, mas aquelas que você deixou abertas para que seres como nós entrássemos para trabalhar.

Quando o ser ficou na minha frente, eu não o reconheci, mas suas palavras me levaram a sentir uma parte de mim que estava escondida como algo não resolvido. Seus olhos avermelhados me mostravam seu tempo dentro daquele lugar.

– Realmente não me lembro de quando fui esse que você descreveu.

– Faço você recordar com muito gosto. Esperei muito tempo para tê-lo aqui, porém a lei das trevas é perfeitamente injusta para aquele que pede, mas implacável para o que deve chegar à sua fossa final – ele lentamente aproximava suas mãos de minha cabeça e, curiosamente me deixava levar pela situação.

Começaram a aparecer imagens de uma vida passada. Eu estava rodeado de minha família, tinha duas filhas e uma linda esposa. Vivíamos como membros da nobreza, com uma riqueza que nos dava a tranquilidade de poder assegurar um futuro, mas eu me via triste, como se faltasse algo. Naquela época, era um filósofo que falava muito sobre o princípio divino da criação, porém, apesar de todo o conhecimento e abundância material, pulsava algo forte em meu ser, algo negativo e desequilibrante.

Um dia, em que não bastaram a cruz da fé e os abraços ocos de pessoas que sugavam minhas energias por meu excesso de bondade, decidi me vingar para ir mais adentro da realidade. Aquela, onde meu desejo de possuir a atenção aumentava à medida que ia descobrindo a realidade de ser um instrumento das trevas.

Tal foi minha necessidade em ser um chamador de atenções alheias, que comecei a vampirizar por meio da vitimização.

Primeiro, minhas enfermidades frívolas, que nasciam em noites envoltas por álcool ou pelo sexo desenfreado às escondidas, porém no dia seguinte eu estava lá com vergonha na boca, cabisbaixo e pronto para captar energias de qualquer pessoa. Outros dias também buscava a compaixão de meus familiares e amigos, que me abraçavam de maneira dolorosa por causa de meus choros sem fundamento, que ecoavam em meu quarto desarrumado, embora pomposo.

No entanto, minhas mentiras iam esgotando as justificativas e chegavam aqueles dias em que o entorno vitimado começava a afastar-se. Eu sentia a solidão dando as caras em minha vida, e a depressão tomava meu rumo. Dias mais, dias menos, tudo desmoronou com uma verdadeira doença, terminal, que tomou conta de meus órgãos com tumores destrutivos que me levaram a despertar nas trevas.

E lá estava eu, rodeado de inventos e dominações, recostado sobre um cúmulo de manipulações que se transformavam em charcos de sangue e abraços convertidos em mãos afiadas que me agarravam para me levar até o vale da dor e da ilusão. E meu vampirismo passou a me possuir, absorvendo minha pouca luz de esperança que restava em minha consciência. E, assim, passaram-se os anos, perdi a noção do tempo e criei um novo horário, o horário da dor.

Porém chegaram tempos melhores, nos quais comecei a rezar ao invisível. Contudo, meus pensamentos às vezes eram silenciados por implacáveis castigos da escuridão que proibia minha consciência de ficar tranquila.

Então, tive de me calar e interromper minha busca pela paz. Decidi pelas sombras, porque cansei de lutar contra o corrompido das trevas. E assim passei de vítima do sofrimento a juiz do sofredor em uma realidade em que o dono era aquele que se empunha ante a dor.

Desse modo, anulei a dor em mim e comecei a caminhar com a indiferença, que era a melhor vestimenta nessas esferas negativas da criação.

Aqui Deus não existe, só uma ideia d'Ele, limitada a uma realidade que se modificava de acordo com a dor. Quanto menos dor, mais espaço para Ele. Porém, quando mais o sofrimento se manifestava, só nos era permitido saborear o lado sombrio da criação.

E assim foi passando o tempo, e acabei priorizando o mal. E hoje o mal habita em mim. Ainda que eu não mais o deseje, não consigo deixá-lo ir.

O ser me fez voltar à realidade, e me dei conta de que nada tinha mudado.

– Nunca havia vivido essa vida! – eu disse, atordoado.

– Não seja ingênuo e idiota. Essa vida foi a anterior à sua última encarnação, ou você acha que seu ódio e o mal vêm de suas últimas atitudes?

– Não acredito, mas não me lembro dessa vida.

– Claro que não se lembrará, já que somente a última vida ficou latente em seus pensamentos. O ser humano apaga com a força de seu ego aquelas imagens que podem corromper sua falsa paz. Porém, ao mesmo tempo, seu próprio ego ressalta a falta de paz pelos erros do passado. Cedo ou tarde, todo aquele veneno sai pela pele de seu destino, convertendo-se em um ser encantador para a solidão.

– Quem é você? Como sabe tanto de mim?

– Pois sou aquele que o observou durante muito tempo, como foi avançando em sua habilidade na escuridão; como você ignorou a oportunidade de sair das trevas e se concentrou no mal, na dor e na vingança.

– Sou um acúmulo de desgraças e desejos negativos. A luz passa a ser como outra etapa de minha vida, que não me interessa neste momento. Minhas habilidades para causar dor são minha prioridade.

– Então você tem de deixar de aprender pelo mal e querer ensinar o pouco que sabe.

– Mas estou atento a você, mestre sombrio!

– Sem sarcasmo, Wither.

– Não foi isso, só disse porque é assim. Não sei quanto sabe, mas sinto que posso aprender com você. Apenas não poderemos continuar se ficarmos presos dentro desta cela.

– E você acredita que um ser como eu mora nesta cela?!

– Pois...

O ser inspirou profundamente e ao expirar, cresceu em altura e espessura. Era algo muito grande e tenebroso. Abriu a jaula e me puxou pelo braço. Levitando, foi até o trono que estava vazio e me jogou diante dele, enquanto se sentou com um sorriso perverso no rosto.

– Bem-vindo, antigo aluno, a seu novo lar.

– Não acredito! Por que eu estava preso em seu próprio território?

– Preso? Não, eu só estava lhe esperando para ver quão reativo estava. Como percebi que pretendia aprender, dei-lhe uma oportunidade.

– Sempre estou preparado para aprender, porém também para machucar.

– Bem, aqui você vai aprender a trabalhar sob ordens das trevas. A dor é uma ferramenta para a aprendizagem e em tudo que fizer aos demais deverá utilizá-la. Sem dor não há caminho, sem sofrimento não há experiência. Enquanto a luz busca ensinar no amor e na claridade, nós nos encarregamos de tatuar as ações negativas que jamais serão esquecidas, como símbolos de uma experiência dual. O amor é algo volátil, porém a dor é o centro da existência. O amo relaxa as consciências, mas a dor as mantém em alerta, prontas para atacar ou defender.

– É uma forma estranha, porém agradável de entender, mestre.

– Pode me chamar de Ajirletoash.

– Sim, senhor Ajirletoash.

– Bem, antes de começar seus trabalhos, eu gostaria de despertar em você alguns dons negativos que adormeceram depois de sua última vida na Terra.

– Para que eu reencarnei, senhor?

– Todas aquelas pessoas que você assassinou eram escravos meus que escaparam depois do ataque que recebi há muito tempo por parte da luz. No entanto, você, como sempre, se manteve fiel a seu mestre, pôde encontrar a pólvora material que despertou a ira em sua vida passada...

– O imbecil de meu pai, o assassinato de minha mãe.

– Assim é. Mas esse imbecil era um escravo seu antes de encarnarem. Ele tinha como missão despertar em sua consciência o sabor da violência e a dor. E, como um bom escravo, conseguiu. Tudo isso foi orquestrado por você, Wither.

– Ou seja, era algo predestinado.

– Não, era um destino cristalizado na dor.

– Não compreendo.

– Há pessoas que voltam à vida terrena não para novas provas e encontrar o caminho da luz, mas para o reencontro com inimigos ou para resgates de escravos que conseguiram escapar desses lados da criação.

– Mas como é possível que desde as trevas possamos ter um espaço na Terra para renascer e semear o mal?

– Antes de lhe dizer como, você deve entender uma estrutura básica de nossa organização nas trevas, mas para isso necessito levá-lo a outro espaço onde somente meus servos de maior confiança podem entrar.

– Sou seu mestre e senhor – disse eu, enquanto fazia reverência à intensa energia que emanava Ajirletoash.

Fomos caminhando por um grande corredor que parecia uma fenda de pedras como as que se construíram as pirâmides. Para poder descrever melhor, cada pedra tinha uma tonalidade vermelho-escura, com rostos humanos assustados e entristecidos dentro de cada pedra. Alguns tinham vida, e ao nos aproximarmos era possível escutar gritos e pedidos de ajuda para serem libertados. Continuamos caminhando até chegar junto a uma porta feita de ossos e espinhos. Era uma grande porta de fêmures e omoplatas que tinha desenhados símbolos formados por lâminas de cobre e aço. Diante dessa porta estavam dois guardiões com seus rostos deformados, parecidos com leões, e os cabelos em forma de cauda de escorpiões, realmente muito assustadores. Cada um tinha nas mãos uma pedra presa a um bastão de aço que estava cravado em seus genitais.

– Seja bem-vindo, Senhor da Estrela Negra – gritaram em uníssono.

– Meus fiéis servidores, abram a fossa dos mistérios. Necessito despertar um antigo companheiro.

– Assim seja, nosso senhor.

Nesse instante, os seres morderam os próprios braços e lançaram gotas de sangue sobre a porta. Esta, por sua vez, ganhou vida e cada osso caiu no chão unindo-se como uma única massa e, dali, levantou-se um ser cadavérico que fez reverência ao Guardião da Estrela Negra e lhe entregou uma pedra parecida com um rubi.

Entramos no lugar, onde havia centenas de mulheres nuas atiradas no chão. Era um quarto completamente escuro, iluminado apenas por velas negras acesas ao redor do espaço. Um aroma de rosas despertava todos os sentidos, e eu me excitava vendo cada corpo perfeito dessas mulheres. Apenas me chamava a atenção que todas tinham uma língua de serpente. Como o salão tinha uma forma circular, havia escadas que nos levavam ao centro do lugar, de onde se erigia uma cabeça de cobra negra, que levava inscrita com sangue fresco uma frase em uma língua que, por juramento de silêncio feito ao dono da escuridão, não posso revelar, ainda estando na condição que me encontro enquanto dito minhas memórias.

Quando, por fim, estávamos frente a frente com a grande cobra, ele beijou a cabeça da estátua e esta ganhou vida, levando todas as mulheres do recinto a uma transformação que fez do local uma jaula de cobras que chacoalhavam sua cauda, convertendo o silêncio em um grande chocalho de ódio e violência. Todas estavam me observando e o Senhor da Estrela Negra.

– Não se assuste, elas resguardam o mistério negativo que jaz nessa cobra negra.

– Compreendo, meu senhor, mas não posso evitar me sentir aterrorizado com tantas serpentes e essa grande cobra que me observa.

– Essa cobra guarda em seu estômago uma pedra que me une ao regente negativo do plano onde estamos.

– Está difícil entender essa estrutura, meu senhor.

– Existem oito planos nas trevas que têm relação com os raios negativos emanados pelo Inominável. Cada plano abriga 77 dimensões com um regente próprio, que responde ao regente do plano negativo. Nesse caso, estamos na terceira descendência ou quinta ascendência. A cobra negra guarda uma pedra que responde ao mistério das sete estrelas negativas, no qual sou o Guardião da Estrela Negra, dentro do terceiro plano, em uma dimensão que não lhe revelarei.

– Por que não pode revelar uma dimensão, e sim o plano, mestre?

– Porque o plano tem muito para explorar, mas quando um guardião da luz conhece a dimensão e o mistério, ele pode entrar em meus domínios, destruindo os campos protetores de maneira surpreendente. Por isso, nossas dimensões não são muito estáveis, mas móveis e temporais.

– Explique melhor essa ideia de que são "móveis e temporais"...

– Significa que de tempos em tempos o regente do plano irradia uma energia negativa a todas as dimensões, colocando o mistério negativo das Sete Sombras que nos leva a outro grau e a outra frequência, girando os mistérios entre os graus, dificultando ainda mais a compreensão dos guardiões das Formas Sagradas.

– Guardiões das Formas Sagradas?

– Sim. A criação é regulada por sua forma, tempo e espaço. Nesse caso, a estrutura da luz está organizada por esses guardiões que citei, mas nós nos regemos por suas leis, porém utilizamos de maneira negativa tudo que entra em nossos espaços negativos, sejam consciências muito avançadas ou atrasadas.

– Então, a estrutura que utilizamos aqui foi criada inicialmente quando...

– Quando um desses guardiões foi absorvido pelas trevas.

– Compreendo...

– É mais complexo do que parece. Quando ouvimos os humanos resumirem essa parte da criação em uma palavra, seja "trevas" ou "inferno", percebemos que estão tão atrasados na compreensão da estrutura das trevas, que se tornam um alvo fácil para nós.

– Sim. Essa última experiência na Terra me levou a conhecer os idiotas que se preocupam em satisfazer os próprios desejos e aumentar a escuridão por aqui. Esse é o motivo de meu ódio por eles ter aumentado e amadurecido, fazendo-me querer aprender novas formas de trabalho.

– Pois você chegou ao seu primeiro lar desde que caiu nas trevas.

– Primeiro lar?

– Claro, meu fiel aluno! Como nunca se aquietou, foi sendo escravo de muitos, mas sempre acaba voltando ao primeiro lugar que o viu nascer para as trevas, desde o dia em que demos como oferenda aos deuses do mal um povoado inteiro.

– Mas isso foi há muito tempo.

– Sim, mas até agora alguns deles seguem ardendo em seus calabouços.

– Eles merecem e eu desfruto. Você comentou sobre domínios, mas também de dimensões. Qual é a diferença?

– Quando falo de dimensão, me refiro a vários domínios. Dentro de um domínio habitamos nós com nossos mistérios. Ou seja, uma nação é um plano, um castelo é uma dimensão e seus cômodos são domínios. Porém, meu domínio possui meus mistérios, e estes, por sua vez, possuem uma frequência que não muda conforme o movimento externo que nos gera. Quando o Mistério das Sete Sombras cai sobre a dimensão para impactar com o Mistério das Sete Formas Negativas, nos movemos em dimensões diferentes, no entanto nossos domínios são instalados tal como são. Dessa maneira, nossos mistérios não são alterados.

– É muito complexo...

– As trevas não são um acúmulo de seres odiosos e ponto final... São uma macroestrutura atraída ao mal com um planejamento baseado em um movimento marco de energias negativas que buscam apagar a luz da criação.

– Somos um ponto negro dentro da grande escuridão...

– Sem as trevas, a luz seria apenas uma cena perfeita da criação. Sem erros, deficiência ou reações, jamais eles poderiam estar onde estão. Criticam nossas ações, porque nós não fazemos exceções com o amor e o perdão. Somos implacáveis em fazer o mal, porque aquele que prega amor hoje esteve semeando escuridão ontem, e aquele que não o fez, o fará. Então, para que dar chance a esses idiotas da criação, se ao final se limitam a falhar, seja em sua vida atual ou na seguinte?

– Tem toda razão, mestre. Com mais desejo eu vivo cada escuridão de meu destino.

– Não viva para o Senhor da Escuridão sob o manto da violência eterna. Viva com a sombra da imperfeição eterna. A violência é apenas consequência de uma imperfeição em desenvolvimento. Quanto maior a violência, mais imperfeito se torna aquele que recebe tal ação. Quanto mais sombrio, mais real.

– Levarei essas palavras como um aprendizado eterno.

– Assim seja, porque não tornarei a dizê-las jamais... A partir de agora, começaremos os trabalhos de apagar a luz, tanto em pequenas famílias como em grandes nações.

– Sim, senhor!

E lá estava eu novamente em postura de aluno. Aprendendo sobre os domínios do Senhor da Estrela Negra. Não revelarei aqui o que há em seu domínio, pois, por mais que eu esteja contando tudo isso aprisionado e dependendo de um ser humano para revelar, existem condições que mais adiante saberão. Mas é algo complexo ter a capacidade de estruturar o ódio, a raiva, a luxúria, a violência, a traição e outras palavras secas e opacas. E para ele foi necessário prestar muita atenção ao uso do mistério de meu eterno mestre, chamado Ajirletoash.

:: Escravos de um Escravo ::

Assim que terminei minha conversa com o Senhor da Estrela Negra, fui conduzido por um dos guardas até uma grande jaula do outro lado da construção. Algo que realmente me chamou a atenção era a geometria da edificação. Tínhamos sempre um corredor central, porém com muitas bifurcações tanto à esquerda quanto à direita do caminho, que era dividido por uma coluna na qual estava inscrita em forma de signo uma mensagem. Como minha consciência é negativa e de grande absorção, não deixei de aproveitar cada instante com o guarda, que me mostrava o que era cada bifurcação. Cada uma delas estava destinada a acumular seres com a mesma frequência e sintonia. Eram como animais classificados por sua cor. Os que ficavam à direita estavam sendo reeducados no sentimento negativo acumulado, ou seja, se sentiram ódio este era potencializado até que se tornariam o próprio ódio e não haveria espaço para sentir pena nem buscar o perdão do alto; passariam a ser seres de puro ódio, prontos para descarregar toda essa violência. Quando isso acontecia, eram trasladados para a esquerda do mesmo nível. E falo em níveis, pois a estrutura era dividida de maneira subterrânea, em que cada subsolo era um sentimento negativo. Enquanto na direita se escutavam prantos e pedidos de ajuda, na esquerda somente havia silêncio e respirações muito intensas. Ali, entendi com mais razão que eu não estava em nenhum desses extremos, era diferente, por isso deveria fazer coisas distintas.

O processo de transformação pelo qual estavam passando esses seres dependia das ações dos guardiões dessas prisões, que com uma aparência totalmente assustadora e com suas ferramentas os castigavam até que fugissem como ratazanas. Eu ficava surpreso com o que utilizavam para castigar, por exemplo: uma marreta com espinhos, cuja ponta portava um líquido gelatinoso de um verde intenso, que me diziam ser o veneno que ativava sentimentos negativos compatíveis com a frequência coletiva. Então, havia, por um lado, uma dor intensa, mas, por outro, o despertar exponencial do sentimento negativo correspondente.

Como o sofrimento era semelhante em cada cela, existiam deformações similares, tanto em homens quanto em mulheres. Em certas ocasiões era possível ver siameses, que não eram assim por natureza, a não ser pela própria força do sentimento, que se uniam em emoções para criar novas formas de defesa diante de tanto castigo; ou eram inimigos em Terra e se encontravam nesses lugares ligando-se pela própria obsessão que um deles despertava no outro. Então, as malformações e a degeneração corporal dessas consciências eram posteriormente usadas para trabalhos que citarei adiante.

Depois de haver baixado 21 sentimentos negativos, chegamos a um salão intermediário, que não tinha fim para meus olhos, já que a escuridão tomava conta de todo o ambiente. Nesse salão havia camas com grandes mantos negros que escondiam corpos. À esquerda da cama estavam sentados seres horrendos empapados de sangue, outros com pregos no rosto ou dentes afiados; eu não conseguia dizer quem tinha aspecto humano, porque se perdiam na precariedade de sua aparência. Para não perder a grande oportunidade de observar mais de perto o que acontecia, me apoiei em uma das camas, com a devida autorização do ser que se encontrava sussurrando a outra consciência completamente coberta.

– Bem! Você voltou à sua casa, escravo! Sou um escravo do escravo, e este que está deitado aqui é meu escravo.

– Pois! Serei escravo, ainda que meu respeito por você faça de mim um escravo menor.

– Aqui me chamam de Okshet. Mas na Terra me invocam como Nafesh.

– Pode me explicar o que está fazendo?

– Explicar não, porque você não tem autorização para conhecer minha forma de trabalho. Mas pode escutar o que digo ou faço com esse escravo imbecil.

– Será uma honra aprender aquilo que me corresponder.

– Então escute.

Okshet se aproxima e, desenhando uns símbolos no ar, se forma uma cúpula que o cobre com a cama e o outro ser, para lentamente formular uma reflexão que ficou guardada em minha consciência:

"Enquanto você criticava as pessoas, eu enaltecia sua ignorância.

Enquanto ria porque a sorte lhe permitia ter dinheiro no bolso, nós saqueávamos o pouco tesouro espiritual que lhe restava.

Enquanto saboreava com o olhar mulheres alheias, nós desviávamos a atenção de sua mulher para outros homens.

Enquanto você se afundava no álcool por causa de um problema estúpido, nós repartíamos sua saúde como um banquete patrocinado por seu vazio consciencial.

Enquanto ficava sem libido, desfrutando de um efêmero prazer de ter a matéria relaxada, nós nos levantávamos cedo para destruir seus projetos.

Enquanto evitava ter ajuda espiritual, nós o colocávamos sob o manto das trevas que não perguntava se você necessitava de algo, mas se encarregava de lhe dar qualquer coisa para lhe tirar depois em dobro.

Enquanto você envelhecia com seus sonhos, nós rejuvenescíamos por termos cumprido com o trabalho de criar obstáculos com seus próprios defeitos.

Enquanto você tentava amadurecer, nós o apodrecíamos por dentro.

Não nos apelide de maus ou vingativos. É sua culpa, é seu defeito, é seu conformismo, é seu desejo latente, é sua vontade cansada de não desejar, é seu pensamento enfadado de pensar mal.

O problema não são as trevas externas, mas aquelas que você deixa abertas para seres como nós trabalharmos.

Bem-vindo às suas trevas em combate."

O ser começa a tremer, o lençol cai, e era uma pessoa vestida de branco, com colares no pescoço. Parecia uma boa pessoa, porém sua fisionomia era apenas uma apresentação do que aparentava ser, um mago da luz e sacerdote. Olhando-o mais de perto, notei símbolos sagrados que estavam marcados com veias escuras que iam apagando seu brilho.

– Deu-se conta, Wither, de como esses falsos líderes se escondem atrás de uma máscara?

– Sim. Eles acham que não percebemos, mas sua falsidade os faz estar nus diante das trevas.

– Assim seja, ele plantou cada espinho que agora está colhendo, apenas por acreditar ser sucessor de líderes verdadeiros.

– E esses símbolos em seu corpo? A que círculo correspondem?

– Estão relacionados à Magia da Serpente do Arco-Íris Sagrado.

– Nunca ouvi falar dela.

– O universo encontra-se em perseguição de si mesmo há milênios. Em algum momento da criação houve uma grande batalha de mistérios sagrados, em virtude da ambição de alguns líderes, em particular um: o Senhor da Escuridão. Ele desejava algo mais do que servir ao alto; sentia-se preso em vida e queria tomar decisões muito diferentes dos demais. Em sua busca por ter o controle de tudo, encontrou-se com mistérios ocultos que conseguiu corromper. Esses mistérios jaziam em uma das dimensões ocultas da Terra. Quando chegou ao salão dos mistérios deparou-se com uma das guardiãs do lugar, que era uma cobra-coral. Ela levam em seu interior o mistério da dualidade. Em uma ânsia de aproximar-se do trono dos mistérios ocultos, a cobra o enlaça e o adverte com sua cauda que chegou perto demais e, por isso, deveria injetar nele o veneno do isolamento. Como outra vez o privaram da liberdade, ele usou a força da raiva que nasceu nesse instante e seu corpo soltou uma irradiação negativa que cortou a cobra em 77 pedaços. Ele pensou que havia vencido a serpente, mas esta se transformou em outras 77 cobras-corais. Com o sustou, ele tratou de correr até o altar e abriu o livro e um cofre onde havia cabeças de várias serpentes. Nesse momento, saíram as serpentes escuras e começou uma batalha entre todas aquelas cobras. No entanto, uma serpente não havia saído. Faltava a Serpente Negra que lentamente deslizou do cofre em direção a ele. Sem poder se mover e com medo nos olhos, não teve tempo de desviar daquelas presas que foram cravadas em seu rosto. Com a dor extenuante, ele desmaiou e a serpente começou a lutar com as demais. O lugar perdeu lentamente o brilho; era a escuridão tomando o controle. A cobra-coral começou as unir seus pedaços e acabou ficando de um tamanho maior. Quando conseguiu ficar por cima das outras serpentes, deu um salto até a cúpula onde estava um cristal que carregava as cores do arco-íris. Ela cravou suas presas no cristal, que se quebrou, deixando cair a Serpente do Arco-íris Sagrado, que era a guardiã dos mistérios ocultos. Entre todas as serpentes, somente a negra ficou observando-a fixamente. As outras se esconderam atrás da Serpente Negra. Quando a serpente do arco-íris se lançou sobre elas, a Serpente Negra cravou suas presas em sua própria cauda, abrindo um buraco negro por onde todas escaparam, inclusive ela. E em uma grande explosão sumiram, deixando o lugar destruído. Finalmente, a serpente do arco-íris se aproximou do corpo do Senhor da Escuridão, até então regente da Terra. Ela olhou firmemente em seu peito e cravou suas presas oito vezes. Cada presa deixava um líquido de cor diferente. Depois disso, o envolveu e saiu do lugar, levando-o a seu trono de regente. A comunidade estava atordoada vendo a situação, já que jamais a serpente do arco-íris havia aparecido ou sido liberada. Algo muito profundo e importante aconteceria a partir daquele momento. Aquelas pessoas compreenderam que, por muito tempo, nada seria igual. A Terra havia perdido o equilíbrio e em pouco tempo as pessoas e a natureza perderiam seu sincronismo. A Serpente do Arco-Íris Sagrado começou sua busca incessante por toda a criação para encontrar o que sempre havia vigiado. A cobra-coral recuperou suas partes com o poder regenerativo do arco-íris sagrado e passou a vigiar a cúpula dos mistérios sagrados a partir de então. Pouco tempo passou e o regente acabou adoecendo em razão do veneno da Serpente Negra, que corria em seu corpo. Seus olhos estavam completamente vermelhos e a luz do dia queimava sua pele. Ele começou a se esconder das pessoas e só comandava a Terra à noite. Enfim, em sua debilidade e tentativas de encontrar a cura para voltar a ser forte e imortal, ele acabou levando a pior, sendo assassinado por conspiradores que desejavam derrotá-lo, pois sabiam que ele já não era alguém consciente de suas atribuições. Ao desencarnar, não caiu no primeiro plano negativo, mas foi descendo do primeiro ao oitavo. Porém, à medida que descia, cada líquido da Serpente do Arco-Íris Sagrado começou a desprender-se. No total, os oito planos tinham sua própria cor. A Serpente do Arco-Íris Sagrado havia feito isso para que seu mistério pudesse combater em todos os planos vazios, que a partir dali se encheriam com seres que desencarnaram com sentimentos negativos. Nada era mais igual, e ele habitava na retina de muitas pessoas. O regente havia se convertido no Senhor da Escuridão Absoluta. Aquele símbolo que levava na face por conta da mordida da Serpente Negra fazia sua cabeça pesar de tal maneira que não conseguia ficar de pé, nem mesmo no oitavo plano negativo. Era a armadilha que a Serpente Negra colocou, e a serpente do arco-íris não sabia. O Senhor da Escuridão deveria abandonar aquele plano e descer um mais, onde a Serpente do Arco-Íris Sagrado não tinha controle; era o nono plano, no qual finalmente nosso senhor pôde assentar sua cabeça e ter controle de seu destino. Como já não havia vínculo com a Serpente do Arco-Íris Sagrado, a conexão sagrada que se encontra em nossa cabeça havia sido cortada. Era como um cordão por onde recebia o alimento da evolução, um cordão umbilical com o Criador de tudo e de todos. Ao perceber que esse cordão havia sido cortado, sentiu o total abandono por parte d'Ele, levando-o a sentir o maior dos ódios por todos. Daquele momento em diante, ele decidiu construir nosso reino de escuridão, com a finalidade de atrair e recolher todo o mal que desperte no ser humano. Então, a busca da Serpente do Arco-Íris Sagrado continua até os dias de hoje e, quem sabe, de amanhã.

– É uma das histórias mais estranhas que eu já ouvi, porém agora entendo e respeito muito mais nosso Senhor da Escuridão.

– Assim seja, ele passou a maior das dores e agora nós o servimos para recuperar o reino onde a Serpente da Escuridão deve comandar junto dele.

– Assim, volto a perguntar: que tem a ver a Serpente do Arco-Íris Sagrado com esse suposto mago de luz?

– Na Terra encarnaram magos que estão preparados para instalar mistérios sagrados que foram liberados para acelerar a busca pela Serpente Negra, já que ela, ao esconder-se, está provocando um desequilíbrio na Terra, aumentando a sombra na consciência dos habitantes.

Apenas para que entenda melhor, quando a Serpente do Arco-Íris Sagrado voltou ao salão dos mistérios, ela decidiu com a Deusa do Tempo Dourado liberar mistérios por intermédio dos grandes magos da luz, que tinham, e seguem tendo, como missão principal divulgar e iniciar as pessoas no Mistério do Arco-Íris Sagrado. Enquanto a Deusa do Tempo Dourado fazia encarnarem em sua matriz reprodutora os grandes magos que ocupavam lugar nos planos superiores, aqueles magos já presentes na Terra multiplicavam o conhecimento entre os habitantes. Isso vem acontecendo já faz muito tempo e seguirá sendo assim.

– E qual o papel desses grandes magos?

– Eles são como os patriarcas do mistério que acompanham a Serpente do Arco-Íris Sagrado.

– Eles alimentam os magos que se encontram em menores escalas?

– Sim, mas agora são inalcançáveis. É necessário seguir aumentando a escuridão na Terra, para que a Serpente Negra cobre mais força e o Senhor da Escuridão possa seguir ascendendo nos planos, até chegar ao neutro onde imbecis como este habitam.

– Então é o fim?

– O fim do plano dos imbecis, assim como é o fim do equilíbrio que a luz tenta manter.

– Ou seja, existem também planos superiores.

– Claro. São oito.

– E o nono plano?

– Já é outra realidade.

– Compreendo. Então esse imbecil é um mago da luz.

– Eu não o colocaria nesse nível; seria um mago menor tentando multiplicar a magia sagrada na Terra.

– E como o capturou?

– Abuso de seu poder. Ele teve excesso de confiança e terminou caindo na ambição estúpida de acumular graus de magia para conseguir bens materiais.

– Ou seja, seu desejo é colecionar outros magos?

– Seu desejo é colecionar reconhecimento, que o alimenta e o faz mais forte, então vibra mais o egocentrismo que a magia sagrada. Resumindo, está mais para o nosso lado que para o deles.

– E o que acontece depois que chega aqui?

– Suas marcas sagradas são portas para acessar os dotes da Serpente do Arco-Íris Sagrado. Nós, em um trabalho complexo que desconheço, invertemos os valores energéticos desses graus de magia e usamos para acessar outros magos de luz, que fraquejam questões humanas.

– Graus de magia? Há muitos.

– Sim. Mas não é relevante falar disso. Já lhe disse o suficiente, agora me deixe continuar com meu trabalho. Não me resta muito tempo, e esse idiota tem de ser meu escravo para que eu possa ampliar meu campo de ação contra alguns humanos. Até logo, Wither.

– Até logo, Oktesh.

E Oktesh continuou com seu trabalho de capturar aquele mago da Terra.

Cada parte daquela escuridão era uma grande aprendizagem e, por fim, eu sentia que poderia ascender não apenas com base em um ódio estruturado, mas principalmente no conhecimento polarizado para as trevas.

:: Meus Primeiros Escravos ::

Depois de um bom tempo, chegamos a uma biblioteca que resguardava livros enormes, como se fossem pequenas portas – e definitivamente eram. Alguns, ao abrir o livro, abriam portais que os arrastavam como se fossem dutos sugadores. O guarda que tinha me acompanhado durante todo o trajeto me observava fixamente, enquanto me entregou um livro.

– Wither, nosso amo ordenou que lhe entregasse este livro, que é o primeiro e único que deve aprender com profundidade. Deverá permanecer neste lugar por um tempo prolongado. Não poderá sair desta biblioteca; este será seu novo lar.

– Assim será – eu disse, surpreso, enquanto observava a imagem de uma Serpente Negra enrolada sob a forma de uma lua minguante.

– Estará sob tutela de Lushok, que é o intermediário entre os portais do conhecimento e nossa realidade. Não entra ninguém sem que ele saiba.

– Compreendo, companheiro da escuridão. Serei fiel às suas indicações.

– Sua mentira cheira, sente-se e escuta. Melhor ficar quieto e aprender a não expor seus sentimentos, idiota – disse o guarda, encarando-me olho a olho.

Peguei o livro e me sentei em um sofá que havia perto de uns quadros em que estavam estampados animais assustadores atacando suas presas. Sentado, comecei a folhear o livro. Era incrível conhecer tantos segredos da psique humana, mas de acordo com a lei do silêncio das trevas, não posso revelar tudo que havia nesse livro. Abortos, suicídios, manipulações, mentiras armadas, traições; tudo que a escória humana pratica para prejudicar outras consciências estava nesse livro, mas não como um simples comentário, e sim como processos energéticos, emocionais e racionais que se organizavam para corromper estruturadamente.

Havia passado muito tempo. Ninguém conversava, tampouco eu havia visto Lushok pelo lugar; ele era invisível para nós. Cansado de ler, pois eu já sabia cada palavra que continha o livro, acreditei que já era hora de experimentar. Então, comecei a andar pela enorme biblioteca que se tornara meu lar.

Entre os corredores, era possível ver livros muito chamativos. Os títulos eram realmente atrativos, mas eu não poderia cair na tentação de absorver um conhecimento que intoxicaria minha mente. Os livros proibidos eram armadilhas para nossas ambições. Em alguns corredores, meu livro vibrava como se tivesse vida própria. Curioso, fui comparando as vibrações entre um lugar e outro, até que descobri em qual havia mais movimento e decidi seguir por aquele corredor. A tensão era cada vez maior, a tal ponto que em determinado momento o livro escapou de minhas mãos, e como uma flecha cravou-se em outro livro que estava na estante. As capas eram iguais, exceto pelas cores diferentes. O que eu havia lido era negro, e o outro, de um azul muito escuro. Tentei separá-los, mas era inútil.

Estavam completamente presos. Não entendi o que estava acontecendo, tampouco, queria desperdiçar a oportunidade de ler por causa de um erro. Então, abri o tal livro azul e instantaneamente fui tragado por um portal que me atirou diante de um lago, onde se encontravam atados a um mastro seres nus em avançado estado de putrefação. Todos gritavam para que eu os libertasse, e eu, por outro lado, não sabia como voltar. Todavia, tinha os livros em minha mão esquerda. Tentei abrir o livro azul, mas este estava completamente selado com o outro. Ambos pareciam uma pedra.

– Ajude, amo, ajude! – gritava um homem que estava com a perna enterrada no solo.

– Escravo, como você se meteu aqui? Não sou seu amo, porque não o capturei nem o prendi.

– Sim, é! Ninguém nunca me capturou ou amarrou. Mal desencarnei e cheguei a esse lugar, mas já perdi a noção do tempo.

– Mas não enxergo qual seu castigo. Apenas está preso a um mastro.

– Não tem ideia do que há nessa água turva bem à sua frente? Olhe! – disse, enquanto o lago começou a ficar revolto e expandir-se para abrir caminho a um peixe dez vezes maior que meu corpo.

Todos começaram a gritar de desespero. A besta era cega; levava em seus olhos metais que, aparentemente, não a deixavam ver. Chegavam à orelha e deixavam a boca aberta, de onde saíam tentáculos que tinham a mesma forma de sua cara, mas com a diferença de que essas coisas podiam enxergar. Uma delas agarrou a perna do escravo que falou comigo e começou a sugar seu sangue, mudando de cor a pele daquele homem. Depois de saciada, a besta retirou o tentáculo e retornou ao lago.

— Isso sempre é assim?

— Sempre. Suplico a você que me tirei daqui e serei seu escravo para sempre. Essa besta já sugou todo o meu sangue e me sinto completamente fraco. Já perdi a conta das vezes que me tirou toda a energia. Sinto que vou morrer de novo, estou muito cansado.

— Para que eu possa libertá-lo, preciso saber sua origem e o motivo de você estar aqui.

— Sim, meu senhor. Quando eu estava na Terra só desejava a genitália de uma mulher. Ela trazia consigo o néctar do indevido. Acariciar sua infidelidade seria uma meta sombria que eu cumpriria. Todas as manhãs, trocávamos palavras em um mercado. Ela sempre me entregava sua inocência, e eu com uma perversão silenciosa. Só desejava a atenção dela. Vê-la por um curto tempo não era suficiente, então decidi persegui-la todos os dias, desenhando em minha mente toda a sua rotina. Seu perfume corria por minhas narinas até se eu estivesse dormindo sobre esterco. Sua figura esbelta passeava por minhas mãos que a moldavam com o vento que soprava no telhado que me abrigava. Uma sensação que eu sentia havia muito tempo. Eu a desejava como minha própria vida. Por isso, decidi seguir em meu desejo desenfreado de tê-la para mim. Quando nos cruzamos novamente naquele mercado, ela me observou com atenção e me cumprimentou. Isso foi o suficiente para acender a fogueira de minha ansiedade. Não se passaram nem cinco minutos e eu já havia tapado seu rosto com um pano cheio de clorofórmio. Enquanto ela desfalecia lentamente, eu a abracei com tanta obsessão que ela ficou sufocada e morreu nos meus braços de forma repentina, sem eu sequer perceber.

Chegamos ao meu lugar de pobreza dissimulada. Esperei várias horas, pensando que ela acordaria, mas nunca mais voltou a abrir os olhos. Sua pele estava fria, mas meu sexo ardia em uma desenfreada obsessão. Não me bastou vê-la assim, então tirei sua roupa. A essa altura, eu já havia percebido que ela estava morta, e o mesmo deveria ter feito eu com meu desejo, mas antes queria saborear a matéria, cada curva de seu corpo. Não pensei duas vezes em me atirar sobre seu corpo e fazer sexo com ela, e mesmo que estivesse achando insípido, também sentia um prazer de que ela me pertencia ainda que morta. Depois de ter liberado toda a tensão obsessiva, esta cresceu de novo, levando a mais uma experiência. Então decidi comê-la. Cortei seu corpo em pedaços e os cozinhei como se aquilo fosse um manjar exótico. Novamente o sabor do obsessivo se apoderou de meu paladar, liberando um aroma de prazer que preenchia meus desejos de satisfação. Depois de tudo isso, achei que já tivesse terminado, no entanto, imaginei-a como uma consciência viva e me dei conta de que não bastava o que eu havia feito. Peguei a faca com a qual havia cortado seu corpo e introduzi lentamente em minha boca cortando minha garganta para cair agonizante, enquanto mantinha em minha mente aquele sorriso que um dia me levou à perdição, à obsessão. Desde então, nunca consegui sair desse lugar onde já despertei amarrado a este mastro com a imagem daquela criatura que me atormenta a cada instante. Não sei quantos anos se passaram, mas reconheço que foi um grande erro, mas não me arrependo, porque ainda desejo encontrá-la outra vez.

– Sua história me faz pensar que posso libertá-lo com uma condição, que deverá cumprir exatamente minhas ordens, porque, se não for assim, o envolverei na loucura e voltarei a este lugar para amarrá-lo e abandoná-lo à sua miserável vida.

– Minha vida é sua, sou um escravo fiel a cada sílaba que una suas palavras; submeto-me a qualquer vontade sua.

– Não me venha com conversa mole, porque não escuto o que você diz, mas vejo suas intenções. Se isso mudar e não coincidir com o que você diz, destruirei cada ponta de sua consciência.

– Sim, meu senhor... Agora, por favor, me liberte.

– Antes de libertá-lo, quero percorrer um pouco mais este lugar e entender o motivo de sua existência.

– Não me abandone!

– Cale-se, imbecil! Sua debilidade não é minha melhor arma, fique em silêncio e retornarei.

– Sim, amo...

E comecei a caminhar à beira daquele lago, enquanto observava cada um dos corpos amarrados àqueles mastros. Homens e mulheres com histórias variadas, todas elas de atentados contra a vida deles mesmos ou de algumas vítimas na Terra. A questão era por que um lugar assim não tinha dono e eles não serviam a um amo que os treinasse. Isso me deu uma pista de que o livro que me levou até ali me mostrou que eu podia recolher escravos para montar o grupo que tanto desejava. Mas não quis me precipitar e comecei a analisar a veracidade dos traumas, sentimentos negativos e pensamentos desequilibrados de todos que estavam presos naquele local...

Enfim, eu começava minha colheita. Uma das mulheres que se converteria minha escrava tinha um ódio profundo que fazia de seu magnetismo algo muito atraente. Se bem que era difícil pensar em ter relações com ela, já que carregava vermes em seu genital; eu poderia recompô-la um pouco e potencializar aquela energia destrutiva que a tornava bem exótica nessa parte das trevas. Ao fazer minha segunda rodada de perguntas para eles, fiquei bem de frente a ela para indagar mais sobre sua situação.

– Qual seu nome, escrava?
– Palat, meu senhor.
– Que fez para estar aqui?
– Assassinei um homem que destruiu meu destino. Mas voltei a encontrá-lo nas trevas e o possuí até convertê-lo em um ser disforme pelo excesso de energias sexuais.
– Que interessante. Mas o que de tão grave aconteceu no passado?
– Eu era uma das princesas de um reinado no Egito. Como o harém estava sempre cheio de mulheres, as relações sexuais eram comuns entre os membros da linhagem do reino de ouro. Certa noite, a vidente se aproximou de nós, éramos mais de 20 mulheres disponíveis para o rei e seus parentes. Ela nos explicou que algumas de nós deveríamos dar um filho ao rei, que tinha três esposas estéreis. Todas ficamos muito emocionadas, embora preocupadas, porque o rei começaria com sua caça de mulheres, abusando de nós como lhe conviesse. Então, começamos a sentir o peso de ser usadas e violentadas diariamente. Eram relações sexuais todos os dias, porque o rei bebia muito e abria seu harém para que todos os homens de sua confiança tomassem o controle de nossas vidas. A aberração destruiu a calma do reino e começaram os sacrifícios de mulheres que não davam filhos ao rei. Das 20, sobraram três. Certa noite, vivenciei a pior das dores, que despertou o maior dos ódios em mim. O rei percebeu que minha companheira estava olhando para um de seus amigos, e sua obsessão tomou conta de suas mãos, que esmagaram os olhos daquela mulher. Ela pedia ajuda aos gritos, mas ninguém podia se mover, pois seríamos as seguintes se o fizéssemos. Então, decidi em silêncio que me vingaria quando chegasse o momento. Em uma de tantas noites que tivemos relações sexuais, fiquei grávida

e a vidente avisou ao rei que finalmente chegaria um varão ao reinado. Ele, saciado por ter o filho, me proibia de sentir atração por outros homens, e isso ele não me perdoou. Sem fazer qualquer barulho, tomou a espada do guarda que tomava conta do harém e golpeou tão forte meu ventre que matou meu filho e me fez a mulher mais devastada do reino. Assim que esvaziaram meu ventre, me tiraram do harém e me tornei prostituta do povoado. Violações passaram por meu corpo e minha dignidade estava morta, mas continuava viva em mim a vingança por tanto sofrimento. Espreitando-me pelos túneis do lugar, conseguir entrar nos aposentos do rei. Cravei sua própria espada em seis genitais, enquanto sorria para ele dizendo que nos encontraríamos no mais profundo abismo e voltaria a assassiná-lo, se pudesse. Senti, então, uma espada atravessar minhas costas e caí no chão, convertendo minha realidade em um pesadelo de uma prisão onde bestas abusaram de mim e de todos os outros. Mas ali também estava o rei sem coroa, ao qual saudei e levei ao maior dos ódios que pude sentir transformado em um sexo depravado e insaciável. Um dos que cuidavam do lugar irradiou uma luz lilás que instalou em meus genitais esses vermes que carcomeram na dor. Depois de desfalecer, me vi amarrada e abandonada neste lugar, até que o senhor apareceu.

– Bem, agora já tenho motivos para libertá-la.

– Pareceu-lhe agradável minha história?

– Sim. Convincente e carregada de sentimentos que desejo que exteriorize.

– Mas só quero me libertar desses vermes e deste lugar...

– Vou libertá-la assim que seja fiel ao que desejo.

– Seus desejos são meus atos, meus atos são seus desejos.

– Que assim seja, a partir de agora.

Finalmente a mulher estava solta de seu mastro, mas os vermes não sumiam. Pedi a ela um pouco de tempo, pois precisava saber a origem desses bichos.

Assim foi aumentando minha horda de escravos. Ao total, eram 14 prontos para acatar minhas ordens. Agora só me faltava um lugar para me instalar, mas, para minha surpresa, o livro da Serpente Negra voltou a se abrir, criando um portal que engoliu todos nós, lançando-nos novamente na biblioteca da dimensão do Senhor da Estrela Negra.

– Vejo que você trouxe escravos, Wither – disse um homem alto completamente coberto por uma túnica negra.

– Quem é o senhor?

– Lushok.

– Ah, senhor! Perdoe-me por ter tocado o outro livro, mas o senhor deve ter visto como ambos ficaram grudados. Já colocarei no lugar.

– Isso não me interessa, mas você deve saber que de vez em quando eles se aderem. Porém, antes de lhe explicar, vou pôr esses escravos em outro lugar que você vai conhecer depois – e em um estalo todos sumiram.

– Como se aderem? Isso quer dizer que há mais e podem continuar se juntando?

– Exato. Os livros dos mistérios negativos escritos em série se atraem. Nesse caso, o livro sombrio das serpentes faz parte de um conjunto de oito livros, que se forem unidos por um espírito farão abrir-se um portal que o levará diretamente ao primeiro círculo do Senhor da Escuridão.

– Primeiro círculo?

– Sim, nosso amo habita no novo plano, de onde comanda nosso exército. Seu primeiro círculo é o oitavo plano, onde estão os magos negros mais temidos de nossa realidade. Eles organizam cada pedaço que você pisou desde que chegou às trevas. Não se esqueça, escravo, de que as trevas se caracterizam por saber delegar as ações aos mais fortes. Não há condescendência para débeis; ou são líderes ou são escravos.

– Vejo que me falta muito.

– Não. Você recebeu um dom importante, que é retirar escravos de uma das dimensões da serpente azul.

– Mas não havia ninguém lá.

– Você não viu ninguém, mas eles seguiram cada passo seu. Você só não foi detido porque levava o livro consigo.

– Entendo, mas, enfim, para que foi tudo isso?

– Para que comece seu trabalho de recrutar escuridão e siga expandindo o campo de ação de nosso Senhor da Estrela Negra.

– Está bem, mas eu gostaria de saber se posso voltar a aprender mais com o senhor.

– Deverá voltar sim, porque está a ponto de ter poderes que jamais imaginou, e o melhor de tudo é que serão poderes nascentes, e não roubados.

– Qual é a diferença entre esses tipos de poderes?

– Aqui há seres que roubam poderes alheios, vestindo algo que não são. E existem os seres que levam em seu interior o mistério negativo que se desperta graças aos mistérios maiores. No seu caso, a Serpente Negra está despertando lentamente seu poder oculto.

– Estou apreensivo, mas com o desejo se oferecer a melhor escuridão de mim.

– Tudo a seu tempo, e conserve esse medo e o respeito. Nem todos têm a oportunidade de falar e se relacionar com as trevas. Em seu caso, só tem a felicidade de me ver e me escutar porque reconheço os que têm poderes nascentes.

– Obrigado, meu senhor Lushok.

– Agora vá para onde lhe mostrarei – da túnica de Lushok saiu uma mão cadavérica que tocou minha fronte e me colocou em um sono profundo, onde me vi nu e envolto entre serpentes negras e vermelhas que passeavam sobre meu corpo enquanto ia tomando consciência de mim.

:: O Salão das Serpentes ::

Ali estava eu, dentro de uma piscina de serpentes que não paravam de se mover. Era um temor imenso ser picado por elas. Procurei não me alterar, mas a sensação era maior. Quis sair lentamente, mas senti correntes nas pernas. Estava preso.

– Aonde pretende ir, escravo?
– Como vim parar aqui?
– Lushok o mandou, mas ainda não terminei com você.
– Por que posso ver você?
– Porque deseja ver aquele que o controla.
– Não costumo falar com invisíveis.
– Não se sinta em outro nível. A ilusão é sua companheira nas trevas. Se não sabe lidar com isso, a única coisa que continuará vendo serão essas serpentes.
– E por que estou preso aqui?
– Porque não se conectou com elas.
– Não me conectei?
– Você tem de sentir a serpente, não como um simples réptil, mas como portadoras de um mistério que deseja envolvê-lo por inteiro.

– Está pedindo mais do que conheço.
– Está se esforçando menos do que pode dar.
– Mas nem sequer sei por onde começar!
– Comece por aí, aprendendo por onde começar...
– Você é um idiota que me mete em um labirinto de palavras.
– E você é um idiota que vive no labirinto.
– Melhor eu me calar.
– Isso mesmo, cale-se. Hahaha!

Sem entender absolutamente nada, decidi ficar em silêncio, porque aquele idiota me mantinha trancado em palavras que eu desconhecia. Fechei os olhos e foquei em perceber as energias das serpentes. Peguei uma em minhas mãos e ela ficou completamente quieta e começou a emanar um frio intenso que me fez visualizar um cofre prateado que se abria lentamente para me mostrar seu conteúdo. Lá dentro havia uma poça de pérolas negras; não sei bem a quantidade. Peguei uma delas e vi que era translúcida. Concentrando ainda mais minha visão, enxerguei espíritos dentro dessa pérola. Eles estavam gritando para sair dali. A maioria usava turbantes, roupas douradas, azuis e brancas. Dizia-me algo, que eram magos da luz, e que esse cofre era o cárcere do cárcere.

Devagar, essa visão se dissipou e consegui voltar a sentir minhas mãos totalmente geladas. Ao abrir os olhos, percebi que a piscina, as serpentes e eu terminamos envoltos em camadas de gelo, somente minha cabeça se movia.

– Por que estamos congelados?! – gritei assustado.

– Você foi trasladado a um lugar que não era o seu. Subiu a um dos salões das serpentes que está proibido para não iniciados. Quando entra, acaba sofrendo uma cristalização de sua liberdade – disse o ser, surpreso com a situação.

– E como me livro disso? Por acaso voltarei a ser inservível nas trevas?

– Volte a se concentrar e sentir a serpente que pegou como portal de acesso.

Fechei novamente os olhos e tentei sentir a serpente que estava em minhas mãos. Em instantes, consegui novamente visualizar o cofre, mas dessa vez havia uma serpente envolvendo-o.

– Voltou, Wither?

– Você fala?!

– Não faça comentários estúpidos, ou você volta, idiota! Por acaso tenho lábios para falar? O que você ouve é meu pensamento. Não nos faça passar ridículo nunca mais, e lembre-se: nem tudo o que vê é o que é; às vezes, não se deve ver.

– Ou seja, você não é uma serpente...

– Claro. Mas isso pouco importa agora. Você está no salão das serpentes. Aqui se apresentam todos os candidatos à iniciação em algum dos mistérios das serpentes.

– São vários mistérios, então?

– São oito os mistérios que se concentram na serpente; a você tocará o mistério da Serpente Negra.

– Então, trabalharei como um servidor dela.

– Se for capaz, sim.

– Devo entender que isso é uma prova.

– Toda a sua vida até agora foi uma prova. Desde que matou aquelas pessoas no castelo, seu corpo vem sendo preparado. Por isso não se encaixava em nenhum lugar, porque deveria seguir caminhando até chegar aqui. Mas agora começa a outra etapa de sua prova, que é a vivência de sentimentos e pensamentos negativos.

– Então não será complicado, porque ódio é o que sinto pelos imbecis que vivem na Terra.

– Não é tão fácil quanto aparenta. Entrar na mente humana é simples, mas instalar uma missão nelas requer trabalho, e executar é outra parte complicada. Muitas pessoas estão envoltas em certas proteções da luz. Seu trabalho é sair do labirinto de proteções e chegar ao centro da energia humana de sua vítima, para, enfim, possuí-la.

– Entendido. Como continuo meu trabalho?

– Todos os seus escravos farão o que você disser. Sua tarefa será comandar certos trabalhos que encontrará em nosso Centro de Execução Negativa.

– Isso é um salão?

– Melhor! É o eco de uma caverna, onde sentirá e escutará pedidos negativos que são compatíveis com nossa vibração.

– Vibração? Ou seja, cada ser das trevas tem uma vibração?

– Não, cada mistério que envolve os trabalhadores da escuridão tem uma energia similar. Se alguém na Terra pede enfermidade para alguém, de nosso lado alguém oferece enfermidade, e assim acontece com outros desejos.

– Ah, agora entendo. Então, que vibração capta a nossa?

– Violência, morte e desequilíbrios sexuais.

– Excelente! Quando quiser, meu senhor!

– Até logo. Ou, até nunca... Hahaha!

– Até nunca?

– Claro, idiota. Não creia que não existem humanos protegidos, nem que a luz descansa em sua paz. Não queira que nossos trabalhos sejam impecáveis. Tudo é batalha, tudo é guerra. Não durma por completo jamais. Não subestime nenhum espírito da luz nem dê as cosas ao que é aparentemente inofensivo. Você será um alvo fácil enquanto não for iniciado com a estrutura necessária.

– Suas palavras são muito importantes para meu destino.

– Vá!

Então, voltei a sentir minhas mãos, pernas, corpo... Já não havia gelo e as serpentes estavam completamente quietas. As correntes de minhas pernas haviam desaparecido e consegui sair do buraco. Olhei ao redor e vi que aquele salão era circular, com várias portas distribuídas pelas paredes. Eu estava no centro, onde havia uma túnica negra, um saco pequeno e uma espécie de espada com forma de serpente. Vesti-me, coloquei o capuz e esperei instruções.

– Veja só! Finalmente o escravo começará a trabalhar!

– Sim, meu senhor!

– Agora sou seu senhor? Já não lhe aborrece falar com o invisível? Hahaha...

– Não me aborrece. Eu o respeito e o escuto.

– Assim está melhor. Vejo que você se encontrou com nosso amo.

– Sim, recebi ordens e estou pronto para agir.

– Assim seja, escravo. Comporte-se, seja merecedor de portar um mistério das trevas. Antes, passará por provas muito difíceis, mas deverá manter a escuridão em seus passos para que a luz não lhe mostre o contrário. Mas lembre-se: se for capturado nunca revele nada, pois, se revelar, jamais voltará a sair de nossos domínios e passará a habitar em uma das pérolas que viu dentro daquele cofre.

– Meu silêncio será meu escudo.

– Mas o escudo se rompe, quando a luz reconhece suas habilidades.

– Darei pela segunda vez minha vida para que isso não aconteça.

– Assim espero...

Agora eu sentia as portas abrirem-se. A voz me indicou que deveria atravessar aquela porta e me encontraria com meus escravos, que esperavam ordens. Todos já estavam vestidos com túnicas negras, sem armas, já que usariam somente seus sentimentos e pensamentos para trabalhar.

:: Encontro com os Escravos ::

Ao atravessar o portal, presenciei todos os escravos de joelhos, fitando atentamente uma figura que estava no chão. Era um quadrado feito de pedra, e uma Serpente Negra se movia dentro dele, desenhando o símbolo do infinito. Pensei que estivesse viva, mas era a própria imagem em um constante movimento. Entendi que se tratava de uma marca que delimitava nosso lugar de atuação, que estávamos restritos a outras áreas e que somente operaríamos a parte daquele lugar, que seria todo para nós.

– Meu senhor, esperamos por suas ordens – disse-me um dos escravos, levantando-se do chão e me olhando fixamente nos olhos.

– Já lhes direi o que fazer, por enquanto necessito olhar nosso mapa de ação – respondi, retirando-me do lugar para organizar meus pensamentos.

– Por acaso não tem ideia? – gritou a última escrava que retirei daquele lago, Palat.

– Não precisa ter pressa. Você nunca sairá daqui. Ou se cala ou a levo de volta para o mastro, maldita! – gritei, virando-me como uma rajada diante de seu rosto. Ela ficou petrificada pela situação e não disse mais nada.

Entrei em um quarto que tinha uma cama, uma taça com bebida e uma pedra negra. Cheirei a taça e vi que era vinho. Bebi e, em seguida, peguei a pedra e coloquei-a em meu peito. Fechei os olhos e pedi trabalho à Serpente Negra. A temperatura da pedra começou a subir e queimou minhas mãos. Joguei-a no chão e ela se transformou em um grande buraco negro, pelo qual era possível ver nitidamente famílias, homens bebendo, pessoas matando, mulheres abortando, outras pulando de lugares muito altos; era uma mescla de imagens.

– Para lá irão seus escravos, a fim de cultivar o mal e arrastar esses imbecis até este lugar. Nem sempre será fácil ou rápido, porque a luz também habita neles. Seu trabalho é apagar essa luz e encher a taça da escuridão, porque eles não merecem corromper a Terra com sua ignorância; devem fazê-lo com ódio no sangue.

– Compreendo, meu senhor. Ao lhe ouvir, reconheço-o como a mesma voz que me recebeu quando cheguei aqui.

– Sim, sou o que resguarda, protege e zela por este lugar. Assuma que está em um reino alheio, de maneira temporal, onde será treinado para ser algo mais.

– Assim o farei e sentirei.

– Agora, vá com seus escravos, organize os ataques, estude cada um com suas virtudes negativas, explore como potencializar o sentimento de cada um e lançá-los neste espaço. A cada um você mostrará o caminho que merece e o objetivo a ser conquistado. Seu trabalho principal será capturá-los de novo, para que não escapem. Nas trevas também existem agentes da luz, chamados Guardiões da Lei Divina. Se eles encontrarem seus escravos, não terá como resgatá-los.

– E se me encontrarem?
– Dê por certo que seus dias como servidor da escuridão se acabaram.
– O que eles têm de diferente?
– Trabalham para a luz, com ferramentas das trevas.
– Mas como conseguem fazer isso, se nossas ferramentas não são compatíveis com a luz?
– Porque eles são seres das trevas, que decidiram servir à luz dentro de nossa escuridão.
– E como isso é possível?
– Porque o trabalho deles está em controlar nosso espaço, ou seja, corromper nossa liberdade. Às vezes conseguem, em outras acabam caindo na força do mal.
– Isso é assustador. Tomariam conta de meu ser e seria meu fim...
– Exatamente, seria seu fim, porque tudo o que lhe for revelado eles absorverão e, assim, podem conhecer uma pequena parte de nossa organização.
– Por acaso serei o primeiro?
– Hahaha! Você se acha muito exclusivo, Wither! Muitos caíram e revelaram coisas que não deviam. O mesmo se passa com eles, que caem e acabam abandonando seus ideais da luz, sacrificam seus segredos por um pouco de respiro, e nós vamos avançando assim como eles.
– É uma batalha constante...
– É uma guerra na eternidade, Wither.
– Isso nunca acabará?
– Se acabar é porque não há universo a ser descoberto.
– Universo?
– No fim, o bem e o mal, o certo e o errado são um quebra-cabeça do universo. Onde uma ação é incorreta em um lugar, mas no outro é correta.

– Quem tem razão?
– Aquele que governa com a força e instala seu ideal.
– É algo muito complexo.
– Sim. Então lhe resta ficar calado e viver do lado que se encontra agora. Vá!
– Sim, senhor!

Saí do aposento e me dirigi aos meus escravos. Era hora de dar o melhor de mim para potencializar o pior nos demais. Fazer direito o mal, para que o mal aplacasse o bem, um paradoxo vívido nas trevas.

– Palat, venha cá!
– Sim, senhor! – disse ela, correndo até mim.
– Quero que direcione sua atenção ao passado que a atormentou.
– Que eu pense no idiota que destruí?
– Mais que isso, pense no que ele fez e no que as demais sofreram.
– Está bem.
– Antes de tudo, não quero que interrompa nada do que sentir ou ver. Apenas se deixe levar pela força que vai sentir percorrendo todo o seu ser.
– Sim, senhor!

Coloquei minhas mãos perto de seu peito e comecei a pronunciar uma língua que eu desconhecia. Sabia que isso era uma inspiração do próprio mistério que nos resguardava naquele lugar. Comecei a sentir como se fios estivessem se unindo às minhas mãos, e a cada fio que se conectava eu também via os pensamentos de Palat. Puder ver todas as violações, abortos, assassinatos e males pelos quais aquelas mulheres passaram. Aproveitei cada cena, e em minhas exalações enviava energias de ódio por meio desses dutos que estavam conectados às minhas mãos. Em consequência disso, as imagens se potencializavam em mais violência, mais destruição, e Palat ia mudando de cor. Suas veias se enegreciam e sua pele branca arroxeava-se por completo. Eu podia ver em seus olhos o ódio infundado. Assim continuei com todas as imagens que apareciam.

Depois dirigi minhas mãos à altura de seu genital. Utilizei o mesmo processo, mas me encontrei com fios que não se conectavam. De maneira involuntária, meus pensamentos se arrastaram por esses fios com aquela rainha que me manteve escravo. Era a Guardiã das Sete Pedras Negras.

– Olhe, olhe! O escravo já possui túnica.

– Que faz aqui, maldita!

– Agora sou maldita? Bem sabe que não posso pegá-lo por inteiro, mas isso é questão de tempo até que você caira em meus domínios.

– Já não será possível. Não desejo lutar com você, mas farei justiça pelo engano em que você me colocou.

– Hahaha! Você é um ser iludido, como sempre. Quando caiu em meu território não foi parar em um que serve ao Senhor da Escuridão. Sou a Guardiã das Sete Pedras Negras, trabalho para a Lei Divina, e você, por essa razão, era um escravo que estava pagando nas trevas. A mulher que havia auxiliado você a escapar de onde o coloquei é a mesma que está ajudando agora. Você nunca lhe perguntou o nome nem os detalhes da história dela. Mas fui eu quem a ajudou a destruir esse maldito que acabou com sua vida na Terra. Como sua ambição era algo impossível de controlar, tive de lançá-la naquele chiqueiro onde vocês se conheceram.

– Palat?

– Sim, sua nova escrava.

– E por que me revela algo assim?

– Porque seus dias estão contados desde o momento em que escapou de meus domínios.

– Ou seja, meus dias perante a Lei Divina.
– Sim. Você até pode se ocultar sob o manto do mal, mas já registramos todos os seus pontos débeis.
– Pontos débeis?
– Sim, portas traseiras, como diria um companheiro nosso.
– Continuo sem entender.
– Sim, porque segue pensando como humano.
– Então, fale-me como um humano, porque se não entendo não serei mais forte.
– Você não veio aqui para aprender, mas, sim, para ter revelações.
– Só desejo que a retire de suas ações.
– Sob que condição?
– De que serei seu escravo, se deixá-la.
– Isso me cheira a desejo! Hahaha...
– Desejo?
– Não se faça de desentendido, está ficando apaixonado por ela.
– Eu diria que sim...
– Então, ame-a do que jeito que ela é.
– Sua ação negativa de bloquear seu genital com aqueles vermes não é um sinal de paz.
– Ela merecia tanto quanto sua obsessão o dizia.
– Sim, mas agora já superou e ela decidiu se dedicar à escuridão.
– Então, terei de deixá-la como está, não faço favores a servos quem moram na caverna mais embaixo.
– Se me deixar transformá-la na ferramenta que deve ser, trabalharei para você caso precise de algo.
– Interessante... Você me dará acesso ao domínio onde será iniciado?
– Ainda que não tenha ideia do que está falando!

– Você já aceitou, agora voltará a seu posto e fará aquela mulher ficar livre de todos os vermes. Ou, melhor dizendo, livre das influências de meu domínio.

– Muito obrigado, voltarei a meu lugar e você terá a partir de agora uma porta por onde possa entrar e pedir ajuda.

– Até logo, Wither.

– Até logo, Guardiã das Sete Pedras Negras.

Voltei lentamente e comecei a sentir meu corpo. Pude ver como Palat estava rejuvenescida, com um corpo exuberante e a vagina livre daqueles vermes que a atormentavam. Ela percebeu que eu estava observando-a como antes, e com lágrimas nos olhos me deu um forte abraço.

– Serei sua eterna escrava, meu senhor Wither.

– Prefiro que seja minha eterna companheira, Palat.

– Serei o que o senhor quiser, farei o que desejar.

– Prefiro que faça desse jeito, pois tive de sacrificar parte de mim para que ficasse assim.

– Pode me explicar isso?

– Não é relevante, só lhe peço que obedeça a todo tipo de trabalho que desejo realizar na faixa neutra.

– Faixa neutra?

– Sim. A Terra é uma faixa neutra, onde as polaridades se ativam de acordo com as atitudes humanas. Em nosso caso, somente responderemos àqueles eventos negativos que apaguem a luz, esses são os que nos interessam para crescer.

– Quer que eu destrua tudo isso ao seu lado?

– Não! Quero que me ajude a potencializá-los.

– Como?

– Norteará seu ódio, seu desejo sexual àquelas mulheres que atentam contra a vida ou profanem o aspecto sexual, e se conseguir levar uma delas à morte poderá tê-la como escrava e, por consequência, serão minhas também.

– Farei com o melhor de meus desejos e esforços, é só me dizer quando começar.

– Eu lhe avisarei. Agora vá, necessito organizar os ataques com todos.

– Sim, meu senhor, com sua permissão.

E foi passando escravo por escrava. Revi a história de cada um, suas uniões energéticas, as fontes que ativavam seu ódio ou a dor. Terminei classificando cada um como escravos agressivos, depressivos, apáticos, viciados, maníacos, vigaristas, manipuladores. Cada um já tinha sua função e forma de agir.

Reunimo-nos no salão principal e lhe pedi que formassem um círculo ao meu redor. Após dizer algumas palavras em uma língua que a voz havia me ensinado, a mesma que comandava o lugar, apareceu sob meus pés uma cratera completamente escura, que soltou fios negros na direção de cada escravo, e sob os pés deles apareceu outra cratera. Do buraco embaixo de mim saíram serpentes negras que se enrolaram no pé esquerdo de cada um, apertando-os muito, como se fossem correntes. Ouvi seus gritos de dor, mas compreendi que era uma forma de detê-los em suas funções para que não tentassem escapar. Depois, ouvimos sons de sinos e a temperatura começou a baixar. Por uma das portas que dava para o lugar deslizou vagarosamente uma Serpente Negra aterradora que tinha o dobro de minha altura. Todos estávamos apavorados. Ela começou a percorrer cada escravo enquanto passava sua língua sobre cada um, até que finalmente se aproximou de mim enrolando-me com seu corpo e somente deixando minha cabeça para fora.

– Este é o último passo antes de saltar para a faixa neutra, escravo.

– Sim, meu senhor – disse, surpreso ao escutar a mesma voz que resguardava o lugar. Era o mesmíssimo Guardião Serpente Negra.

– Sou exatamente quem pensa e não permitirei que falhem em um só passo. Este lugar que me foi dado é para provar sua capacidade e a deles, e saber se posso contar com vocês no futuro.

– Faremos da melhor maneira, meu senhor.

– Sim, como tem de ser.

– Mas como saberemos o que devemos fazer?

– Agora abrirei portas que se conectam às virtudes de cada um de seus escravos. Basta colocá-los diante de cada porta para que sintam a energia de alguma idiota na Terra clamando ou vivendo tal sentimento. O escravo fará a conexão quando a vibração da vítima na Terra coincidir com o respectivo escravo. E nessa união começa o trabalho de potencializar o mal e arrastá-lo, se possível, para a morte ou até a ativação de seu desequilíbrio nos demais.

– Então, eles poderão associar várias pessoas com o mesmo sentimento, não apenas uma.

– Assim deverão agir. Lembre-se de que valem mais mil do que um, porque mil arrastam centenas de milhares. Aqui, o sentido de qualidade só passa pelos que lideram pontos sombrios como este, após os escravos se encarregarem da quantidade.

– Compreendo, meu senhor. Estamos prontos.

– Até breve, Wither. Vigie-se e vigie seu redor. Até a aparência mais aterradora pode ser um engano para que caia em falsos vícios.

– Falsos vícios?

– Sombras e sentimentos negativos que não existem. São formas de capturar muitos guardiões da lei nas trevas, e nisso você não deve cair, pois será seu fim.

– Manterei os olhos bem abertos, meu senhor.

– Agora, separem-se!

E, de uma vez, todos desfizeram aquele círculo. A grande Serpente Negra começou a percorrer as paredes, criando por onde passava portas com uma palavra escrita em uma língua que não posso revelar. A cada escravo foi dada a pronúncia daquela palavra, que ao ser dita abriria a porta buscando vítimas relacionadas ao sentimento. No meu caso, não havia a porta, mas a abertura principal do salão por onde eu podia entrar em todas as portas e os magos negros que evocavam o mistério negativo da Serpente Negra. Era hora de trabalhar e procurar o caminho que me levasse a me transformar em um servo do Senhor da Escuridão.

:: Primeiros Trabalhos ::

A Serpente Negra se retirou sem deixar rastros, colocando o total de 21 portas que conduziriam meus escravos aos trabalhos que lhes foram encomendados. Além das portas permaneceu o buraco sem fim no meio do salão, que correspondia a mim. Aproximei-me dessa abertura negra e, de joelhos, empunhei as mãos para baixo e me concentrei na força que emanava daquele vazio. Comecei a ser sugado; sem poder abrir os olhos e em total escuridão, senti um sussurro no ouvido.

– Uma noite não termina com o nascer do Sol. O Sol não é pura luz e a Lua sempre será a escuridão disfarçada de Sol. Somos formados por porções de luz, mas também de sombras. Então, naqueles momentos em que não está iluminado pelo alto reina a escuridão, assim como a Lua em seu aspecto real é uma forma escura que atrai. Somos mulheres a seu serviço, com a condição de sentir a seixa de seu mistério.

– Não possuo sequer um mistério que seja em mim, agora estou sendo apenas um simples escravo aproveitando o espaço da Serpente Negra.

– Ser escravo não significa não ter o mistério.

– Então me diga qual é meu mistério, porque não o reconheço.

– Como você se esquece rápido de suas vidas passadas, Wither. E mais, nem teve a preocupação de averiguar quem você é realmente! – disse a voz dessa mulher, enquanto senti uma lambida em meu rosto.
– Quem é?
– Aqui não importa quem sou, mas posso fazê-lo ouvir suas próprias palavras, que darão força para ver a escuridão que sempre teve.

Essa voz tomou forma e senti um corpo que me jogou no chão, subindo por cima de mim. Senti como começava a dança sobre meu corpo, despertando minha força sexual. Mas isso durou tão pouco que comecei a ver imagens de um festejo entre pessoas que pareciam muito felizes, exceto um homem que estava sentado junto a uma mulher que o acariciava sorrindo em forma de chacota. Aproximei-me deles e ouvi uma confissão que me deixou surpreso.

– Um dia não me foram suficientes a cruz e os abraços vazios de pessoas que sugaram minhas energias em um passado não muito distante. Porém, decidi me vingar para ir mais adiante nessa realidade. Aquela em que meu desejo de ter a atenção aumenta à medida que vou descobrindo a realidade de ser um instrumento das trevas. Tal foi minha necessidade de ser um chamador de atenções, que comecei a vampirizar por meio da vitimização. Primeiro, minhas doenças frívolas, que apareciam em noites envoltas em álcool ou sexo desenfreado, mas no dia seguinte eu estava lá, amargurado, cabisbaixo e pronto para captar energias de qualquer pessoa. Em outros dias também buscava compaixão de meus familiares e amigos, que me abraçavam de maneira dolorosa por causa de meu choro sem fundamento, que ecoava em meu desgrenhado e sofrido quarto. Mas minhas mentiras foram exaurindo as justificativas e chegou o tempo em que aquele entorno vitimizado começou a se afastar. Senti como a solidão começou a estar presente em minha vida e se assentava fortemente pelos caminhos da depressão. Dias mais, dias menos, tudo desmoronou com uma verdadeira enfermidade terminal que tomou conta de meus órgãos com tumores destrutivos que me fizeram despertar nas trevas. Lá permaneci rodeado por minhas invenções e manipulações, recostado sobre um aglomerado de lágrimas que se transformavam em poças de sangue e abraços convertidos em mãos afiadas que me agarravam para me levar ao vale da dor e da desilusão. E minha obsessão passou a me possuir e absorver a pouca esperança que ainda iluminava minha consciência. Passaram-se os anos e perdi a noção do tempo, criei uma nova contagem de tempo, o horário da dor. Mas chegaram dias melhores, em que comecei a rezar ao invisível, no entanto meus pensamentos eram não raro silenciados pelos implacáveis castigos das sombras que proibiam que minha consciência ficasse tranquila. Então tive de me calar e interromper a busca pela paz. Decidi ser sombrio, porque me cansei de lutar contra o corruptível das trevas. E assim passei de vítima do sofrimento a juiz do sofredor em uma realidade na qual o dono era quem se impunha sobre a dor. Com isso, anulei a dor em mim e comecei a caminhar junto à indiferença, que era a melhor vestimenta. Deus não existe, apenas uma ideia d'Ele limitada a uma realidade que se modificava conforme cada dor. Quanto menos dor, maior espaço para pensar n'Ele. Por outro lado, quanto maior a manifestação do sofrimento, apenas nos restava saborear o lado sombrio da criação. Dessa forma, foi passando o tempo e fui priorizando o mal. Hoje, o mal habita em mim, ainda que eu não o deseje...

Fiquei tão surpreso ao ver como tinha nascido em mim o ódio e havia passado tanto tempo, que ratificava ainda mais meu desejo pela escuridão.

— Assim, de patética foi nascendo a forma de um ser que se transformou em um futuro servo das trevas.
— Obrigado por me relevar.
— Tenho mais coisas para você, mas necessito que me dê um espaço para utilizar o Mistério da Serpente Negra e, de passagem, possa seguir com essa dança a um lugar mais privado.
— Quero seguir sentindo seu bailado e escutando suas revelações.
— Até logo, Wither.
— Até logo...
— Pode me chame de Kalash.
— Até logo, Kalash.

* * *

Em um suspiro regressei ao meu posto, sentindo como a força do vazio estava debilitava. Levantei-me convencido e convoquei os homens, primeiramente. Pedi-lhes que me acompanhassem ao salão contíguo, onde deveria preparar as camas que dariam espaço para cada consciência que devia ser estruturada de acordo com minhas necessidades; seriam os escravos na terra. Cada cama tinha uma espécie de memória energética que se tornava um portal de comunicação entre consciências. Eu havia visto em trabalhos anteriores como as camas não apenas atraíam a vítima, como também todo um entorno que construía sua sociedade. A cama passava a ser uma porta para ingressarem familiares, chefes, amantes, mentiras, vícios. Era a parte débil dos seres humanos, porque dormiam ali seu corpo e sua consciência. Então, eles eram maleáveis, frágeis, sensíveis, limitados, cegos. É mais fácil para um ser das trevas trabalhar na hora em que a vítima dorme, porque seu desprendimento temporal do corpo físico denuncia o corpo espiritual, e é a ele que se deve atacar para ativar as repercussões na Terra, a fim de que na hora de voltar à pseudoconsciência seja ativada nossa estrutura ao seu redor. O sonho passava a ser uma escola dual, em que o professor que ensinava era aquele que vibrava o sentimento ou encontrava a vulnerabilidade de consciência do aluno que escutava.

Antes de retornar ao salão, eu quis conversar com um escravo que demonstrava muita atração por uma das escravas. Sentia que havia algo entre os dois e era minha obrigação não deixar escapar nenhum tipo de sentimento.

– Joshik, venha aqui.

– Sim, meu senhor, em que posso servi-lo?

– Vejo que está interessado em uma mulher em particular.

– Eu lhe suplico, senhor! Não nos separe – disse gritando o escravo.

– Ei! Primeiro acalme-se, porque está muito fraco e será o primeiro a cair. Seu ponto frágil se expõe muito facilmente; você é sangue quente para os vampiros que estão fora destes domínios. Que seja a última vez que eu veja essa parte em você, ridículo. Agora me contará porque está assim.

– Perdoe-me, meu senhor. Não verá mais sensibilidade em mim.

– Não deveria sentir nada que o debilite. O amor que não amadurece é debilidade emocional. O amor débil é uma porta para as trevas. Por isso, há uma grande diferença entre os que amam na fortaleza, onde as trevas não podem ingressar, e aqueles que amam na fogueira da ignorância em que nos divertimos sempre.

– Compreendo, senhor. Isso não se repetirá – disse o escravo, mudando seu semblante completamente.

– Bem, agora me conte de onde vem sua história com ela.

– Hoje, não carrego dores. Eu as afoguei naquela lama que comia todas as noites, e aquela água parada era o único líquido vital de meu calabouço, que se tornou um lugar sem luz, sem calor de família. Nus, amontoados, com os corpos apodrecendo, e gritando desesperados nossa canção de dor. Não havia consolo nem afagos de proteção, muito menos luz. Somente o ar frio de seres destrutivos que cravavam em nossas peles suas garras de raiva que eram alimentadas com nossos atos do passado. Ela gritava sem descansar e pedia aos gritos um pouco de paz. Ela gemia de dor e seu ruído se impregnava em meus tímpanos. Ela me olhava nos olhos, pedindo-me que a deixasse respirar, mas eu não podia evitar que meu instinto se apoderasse de seu ser. Ela me odiava a cada segundo, e desse ódio fazia uma arte sombria que canibalizava seu destino. Ela queria morrer de novo, mas estava unida à minha foice de obsessão que a levava ao desejo do suicídio uma e outra vez. Ela queria rezar, mas sua língua estava atada à minha, que saboreava seu desespero. Ela era eu, e eu era ela. Ela foi uma vida, e eu era a sua seguinte, querendo mostrar-lhe que não há nada que fique pendente, que tudo deve voltar à sua origem. Ela era meu passado, e eu seu presente. E lá estávamos em uma briga que definiria o futuro de ambos. Quando ela feria homens, eu a fazia recordar quanto detestava mulheres como ela. E lá permanecíamos aninhados em uma prisão, onde muitos viviam a mesma cena, de estar presos em seus pensamentos e sentimentos e ter encontros com suas sombras de vidas passadas. Assim quis a lei, que nos convidou a fazer justiça lutando com nossos seres desprezíveis e manipuladores de nosso próprio destino. Eu a persegui em cada respiração, porque sempre a quis para mim, até que finalmente ela se rendeu e ficou unida a mim para sempre.

– Ou seja, ela é sua escrava?

– Não, meu senhor. É sua. Mas não posso lhe explicar porque eu a persigo dessa maneira durante tantas vidas, pois já não me lembro de quando tudo começou.

– Eu lhe direi onde começa sua obsessão, porque tenho acesso às vidas passadas de todos. Vocês eram gêmeos em uma de suas encarnações, mas sua mãe pertencia a um grupo sombrio que sacrificava crianças quando elas chegavam aos 9 anos. Durante o tempo que você deveria viver, seu amor protetor por sua irmã crescia, à medida que você observava a morte de seus amigos de infância. Até que chegou o dia e sua mãe teve de escolher pela liberdade de um; você se pôs em frente à sua irmã dizendo que desejava que ela vivesse. Com isso, foi sacrificado e caiu nas trevas da dor com seu antigo corpo da penúltima vida. Você se tornou um escravo, e ela continuou a viver. Os anos passaram e você voltou a se aproximar dela, pois havia se dado conta de que ela já era uma mulher, mas devia sempre estar por debaixo dos amos do lugar. Uma noite você pôde ver de perto aquela cena quando o rei alcoolizado havia entrado no quarto onde estavam todas as mulheres, escolheu sua irmã para violentá-la, e ela em silêncio chorava enquanto se lembrava de como você a protegia.

Você, sem poder fazer nada, caiu nas profundezas das trevas com a dor e o ódio amalgamados em seu ser. Ela desencarnou e se tornou uma escrava sexual. Com o tempo, você conseguiu encontrá-la e se uniu a ela de maneira tal que não a perdeu nunca mais de vista, mas sua superproteção foi mais além do amor que sentia por ela, já que neste lado sombrio da criação tornou-se uma obsessão que o envolveu por completo. E assim você se converteu em escravo onde ela era escrava; diante disso, eu os encontrei e agora estão aqui putrefatos, defeituosos e sem rumo no destino sombrio que possuem.

– Meu senhor, lhe suplico que me ajude a encontrar esse rei. Necessito cobrar vingança para poder descansar – gritava o escravo enquanto chorava desesperadamente.

– Você se vingará daquilo que eu lhe indicar. Seus passos não são seus, são meus agora. Caminhará por onde eu lhe disser e será a sombra de quem eu quiser, mas sua liberdade se corrompeu desde o dia em que pisou na escuridão que agora o envolve.

– Se essa é sua vontade, assim será. Mas não sai de minha cabeça que algum dia me encontrarei com aquele idiota.

– Você faz o mérito e sua força o libertará à medida que amadurecer seus sentimentos negativos. Agora, vá de novo para seu lugar.

O homem assentiu com a cabeça e se retirou, colocando-se diante da porta que lhe pertencia. Eu já estava no salão principal, então era hora de trabalhar. Coloquei-me no meio do salão, sobre o vazio principal e, com total concentração na Serpente Negra, comecei a visualizar nitidamente a vida de muitas pessoas na Terra. Prostitutas, homicidas, violadores, obsessivos, viciados, vingativos, traidores, manipuladores, ladrões, sequestradores, pervertidos. Alguns já contavam com cordões energéticos que os conectavam a domínios que não me pertenciam, mas havia outros que não tinham nada além de espíritos presos a eles por uma lei de empatia energética. À minha ordem, cada escravo direcionou-se sobre esses humanos, conectando-se por meio de seus defeitos e desequilíbrios. Passaram a possuí-los e formamos uma rede de conexões. Vinte e um dutos de energia se uniram ao vazio que se encontrava por debaixo de meus pés, e ao mesmo tempo uma espécie de duto principal se unia a mim e me vitalizava de tal maneira que aumentava meu desejo de vingança, de ódio, de desprezo e depredação da luz.

O tempo em que transcorriam os trabalhos não podia ser medido, mas eu diria que passamos anos sem descansar, convertendo aquele pequeno lugar em um ambiente altamente violento para os que caíam em nossas redes. Todos os seres desencarnados graças a nós passavam a ocupar os calabouços contíguos aos outros aposentos. Somente eu podia entrar neles. Cada calabouço tinha um acumulador de sentimentos e desejos negativos que os escravos desprendiam. A formação dessas ferramentas negativas não era eu quem criava, mas o próprio domínio, que se deslocava à medida que crescíamos em tamanho. Esses acumuladores eram como usinas de sentimentos; tudo relacionado ao ódio era acumulado em um lugar, tudo relacionado à dor em outro, e assim se construía um vale de usinas.

* * *

Aqui interrompo um pouco a narração para dizer com propriedade que o ser humano menospreza a capacidade das trevas para se organizar. A capacidade da escuridão para manter estruturada sua desordem é tão determinante que podíamos fazer um paralelo do avanço tecnológico destrutor na Terra com a tecnologia utilizada nas trevas. O ser humano é um escravo limitado a seu egocentrismo que o confere ser um criador solitário de armas destrutivas. Mas o avanço da escuridão sobre isso é tão amplo, que os humanos com uma mente prodigiosa para criar a destruição são beneficiados e inspirados pela escuridão. Eles se sentem deuses, e nós os sentimos como nossos eternos escravos. Então, à medida que vão aumentando a escuridão na Terra, aqui vão sendo ampliados nossos campos sombrios e nosso avanço tecnológico negativo. O primitivo está na Terra. Aquele que é um avanço destrutivo para o ser humano, aqui é uma cópia piorada do que temos.

:: O Falso Vazio ::

Como todo habitante das trevas, sempre cremos ter o controle das coisas quando elas estão indo bem. Contávamos com um domínio que chamava a atenção do dono do mistério, a Serpente Negra. De vez em quando, ela me visitava para me lembrar de que eu era vigiado e estava sempre sob prova. Ainda não era merecedor do mistério, então seguia sendo um escravo exemplar, mas útil – um idiota funcional para eles. Por esse motivo, decidi avançar em minha forma de trabalho, mas somente eu podia levar o trabalho para outro nível. Necessitava capturar humanos que trabalhavam para a luz, mas que de vez em quando deixavam lugar para as trevas em sua vida. Procurei por muito tempo pessoas com essas características e pude encontrar várias. Escolhi uma delas e a estudava bem a distância, porque seres sombrios a rodeavam carregando em si símbolos que brilhavam com intensidade tal que me pareciam muito estranhos. Essa curiosidade aumentava e eu precisava saber mais detalhes sobre quem eram. Voltei minha atenção para o mistério de nosso domínio, e a Serpente Negra se manifestou.

– Que há, escravo, por que me invoca?

– Meu senhor, desejo avançar em minhas conquistas e estou observando a vida de seres humanos que não têm um vício propriamente, mas desequilíbrios momentâneos que me permitem observá-los mais de perto. Percebi que alguns deles contam com uma espécie de protetores que são tão sombrios quanto nós, mas a diferença é que carregam símbolos gravados em seus corpos como ferramentas de trabalho. Esses símbolos têm luz própria! E isso é algo novo e estranho para mim.

– Primeiro, não subestime essa classe de humanos, ou se prenderá na ilusão de suas ilusões. Você vai crer que estão descuidados e cairá na armadilha desses seres. Segundo, esses seres sombrios que você vê são bastardos das trevas, traidores dos mistérios de nosso Senhor da Escuridão. São mal-agradecidos que negociaram sua escuridão com a luz e terminaram servindo à Lei Divina em troca de um pouco mais de liberdade.

– Mas como podem viver nas trevas, sendo que traíram os princípios da escuridão?

– Porque aqui é terra de ninguém, mas quem conquista seu espaço se torna dono dele. Eles conquistaram seu espaço e, assim como você, se tornaram donos de seus domínios.

– Então qualquer um, se quiser, pode ser tornar um deles?

– Você pensa em se converter?

– Jamais, senhor. Eu lhe rendo minha eterna fidelidade a seu mistério.

– Sua declaração é sincera, então não se detenha a avançar com essa classe de seres humanos. Consiga um deles, e os mistérios que carregua esse escravo o colocarão em outra etapa de sua escuridão.

– Outra etapa?

– Sim, ao contrário dos típicos escravos que você possui, esses têm mistérios da luz que respondem a uma fonte energética diferente da nossa. Quando essa classe de humano cai, assim também caem matérias-primas muito úteis para construir fortaleza contra a luz, já que estudamos suas energias capturadas.

– Compreendo. Prestarei toda atenção para não cair no jogo dos bastardos que os protegem.

– Espero que seja assim, escravo, caso contrário, não poderemos protegê-lo, muito menos voltar a recebê-lo.

– Sim, meu senhor.

A Serpente Negra foi embora, desenrolando-se de minha perna. Fiquei em silêncio um bom tempo, enquanto analisava a grande oportunidade que tinha para me tornar um portador ativo do mistério da Serpente Negra.

Antes de avançar sobre essa possível vítima, estudei-a durante muito tempo. Seus hábitos, seus defeitos, seu entorno, seus medos, suas ilusões, seus sonhos. Construí um arquivo pessoal que descrevia até os momentos em que caía no sono e seu corpo espiritual se desprendia de forma momentânea. Quando começava a transitar espiritualmente, eu observava para onde ia. Sempre tentei manter distância, até que em certa ocasião notei-o totalmente cabisbaixo. Seus sentimentos eram bastante negativos, pois ele havia tido uma discussão muito intensa com sua família, corria na ansiedade da matéria e começava a se alimentar sem pensar, sem medir, sem raciocinar. Assumi essa situação como uma oportunidade e, mediante esse influxo de sentimentos negativos, enviei ondas de angústias e tristeza para sua família e para ele. A casa onde habitava se enchia de sanguessugas espirituais, havia teias de aranha por todos os lados, como se tudo tivesse escurecido. Essa era minha oportunidade de começar a mover as coisas na vida de cada um. À esposa, prejudiquei sua família materna, ampliando as doenças entre seus parentes e aumentando o ódio contra seus desafetos. Coloquei seus filhos em um quadro de pesadelos, estragando a paz das noites. Comecei a mover coisas da casa diante deles e causar temor na família. À medida que o medo se apresentava, eles soltavam essa energia humana que me aproximava mais do objetivo de instalar em minha vítima uma doença que a arrastaria à morte e a meus domínios.

Certa noite, cheguei até a casa novamente. Tudo parecia propício para abrir um portal de obsessores perto dele. Meus escravos fariam um bom trabalho para complementar o meu. Entrei no quarto e, ao perceber que o homem havia afastado definitivamente seus protetores e toda espécie de cuidado da luz, me coloquei ao lado da cama. Mas, para minha surpresa, já havia outro portal das trevas. Pensei: *"Me venceram, esses malditos!"*. Como eu havia trabalhado durante vários meses, segundo o tempo da Terra, não deixaria para trás tudo isso para ficar de mãos vazias. Portanto lancei-me no portal em busca do idiota que se apropriou de minha vítima.

:: Nos Domínios do Guardião Cobra-Coral ::

Quando utilizamos portais negativos, é como se descargas energéticas nos densificassem, deixando tudo mais lento a princípio, mas não tarda para nossa frequência se adaptar, o que permite subsistirmos no domínio que visitamos. Assim, quando ingressei naquele portal, não somente era mais espesso, como também muito mais frio, e as malditas cobras começaram a subir por minhas pernas. Tentei expulsá-las de cima de mim e correr para a saída, mas assim que tentei subir até lá, esta se fechou. Fiquei completamente no escuro e só conseguia sentir a pele congelada das cobras, enquanto sacudiam suas caudas em sinal de alerta; e esse alerta era eu.

Soltei uma forte descarga energética de dor para lhes causar um golpe, e as cobras caíram. Era minha oportunidade de escapar, mas... para onde?! Comecei a correr e, depois de muito tempo, voltei a sentir um medo que me agitava completamente. Não podia evitar gritar, porque tanta escuridão e impotência me sufocavam. Ao longe eu visualizava um ponto vermelho, e me dirigi para aquele lugar. Logo, pude ver água podre, pedras afiadas, corpos putrefatos e muitas serpentes durante o trajeto. Evitei encostar-me em qualquer coisa; a luz vermelha se aproximava. Finalmente, percebi se tratar de uma porta que levava a outro local. Atravessei a porta e cruzei-a; esta se fechou, deixando-me em um espaço totalmente vermelho, sem cantos, paredes ou teto. Também não havia chão. Eu não sabia se estava flutuando ou em cima de qualquer coisa; era uma situação para a demência. Comecei a ficar desesperado e invocar a Serpente Negra, mas era inútil. Não sei por quanto tempo fiquei ali, mas sentia ter perdido totalmente o controle de minha suposta liberdade. Era um escravo de novo, mente, por completo.

Enfim, dormi por um bom tempo, mas fui brutalmente despertado pela mordida da maior cobra-coral que eu já havia visto em minha vida. Ela havia incrustado suas presas no meio de minha cabeça, o que me levou a um total estado de demência e descontrole de minha mente. Não consegui gritar nem falar. Só balbuciava de forma ridícula e impotente. Eu parecia uma marionete de minha própria debilidade. A grande cobra-coral foi me arrastando pelo vermelho infinito do lugar, e a única coisa que notei era como aquele vermelho se apagava e surgiam paredes úmidas recobertas de pele de serpente.

Perdi a noção do tempo e da distância pela qual fui arrastado, mas estávamos aparentemente bem distantes daquela prisão disforme. Mais uma vez fui atirado dentro de um grande salão. Caí virado para cima e vi o teto. Aparentemente era um velho castelo com referências persas, contendo uma cúpula na qual havia uma pedra extremamente brilhante. As paredes estavam recobertas por formas relacionadas às serpentes, e também havia símbolos que eram resguardados por seres encapuzados que os observavam enquanto iam manipulando a posição dentro de um quadrante somente reconhecido por eles. Senti um golpe no peito, que me pôs de joelhos de tanta dor. Levantei o olhar e ali estava ele, um guardião de pele vermelha, olhos avermelhados, sobrancelhas totalmente armadas em diagonal, um rosto bem marcado em suas feições masculinas, grande musculatura à mostra graças a seu dorso nu, cabelo comprido trançado caindo sob um dos ombros, um cordão dourado na cintura que completava suas calças. Em seu dorso brilhavam algumas figuras como se piscassem a cada respiração sua. Seu olhar era completamente envolto em ódio e raiva. Tive que baixar os olhos ao sentir como penetrava em meus pensamentos, despindo completamente meu silêncio. Da mesma forma, senti como todos me observavam. Era uma situação altamente macabra tornar a ter medo, mas dessa vez eu sabia que não estava diante de um ser que trabalhava para o Senhor da Escuridão.

Ouvi passos que ecoavam pelo salão. Ele estava se aproximando de mim, e eu sentia o medo na pele. Não podia sequer me levantar nem correr, eu estava petrificado.

– E você acreditava que tinha feito bem seu trabalho, hahaha... – disse com uma voz metalizada, como se fossem aços se chocando. Meus ouvidos doeram ao escutar sua gargalhada perversa. Todos acompanharam sua risada enquanto fechavam mais o círculo que formavam. Juntos somavam 14 seres cobertos com capuzes. Ergui novamente os olhos e pude ver a grande cabeça da cobra pousando sobre a cabeça desse guardião. Ela sacudia sua cauda chamando a atenção, como uma advertência. Eu sabia que algo muito ruim estava iminente, estava certo de que precisaria revelar coisas e esse seria meu fim.

– O que estava procurando na casa de meu protegido?
– Levá-lo comigo, senhor.

– Para onde e a fim de quê?
– Para que seja meu escravo.
– E como o encontrou?
– No lugar onde eu trabalhava recebíamos pedidos negativos de pessoas na Terra. Uma delas havia feito um bom pagamento para levá-lo à morte. Como constatei que era um iniciado nos mistérios da serpente do arco-íris, decidi me aventurar em seu destino.
– Hahaha... Bom pagamento? Quanto pediam pela coroa dele?
– Coroa?
– Idiota! Sou eu quem faz perguntas, você só responde...
– Sim, senhor! Essas pessoas haviam sacrificado muitos animais. Além da vida, o sangue havia se juntado em uma grande fonte, para onde foram carregados ossos humanos que converteram essa oferenda negativa em um portal que nos ajudou a nos materializarmos nesse templo sombrio. A maioria dos trabalhos se realizava após a meia-noite, e muitos animais tiveram de ser sacrificados para que se criasse o nexo entre nós e a vítima. Eles conseguiram e eu me encarreguei pessoalmente de cumprir tudo.
– Pois você não conseguiu, imbecil. Se antes era um escravo, agora será ainda mais. Porém, não o deixarei sair por muito tempo, e mais, deverá confessar cada parte de sua vida, desde sua última encarnação. Sua dor, suas decisões, seus encontros, seus lugares visitados, tudo ficará gravado em forma de história, porque usarei sua curiosidade, sua incumbência necessária para ser uma janela que mostre o lado sombrio dos que vivem idiotas como você nas trevas. A cada memória que chegue à sua consciência e você esconder, minhas cobras farão a verdade vir à tona por meio

da dor. Você não escapará até o dia em que tiver depositado todas as lembranças nas memórias dos livros sombrios que temos aqui. Assim como você, muitos caíram em meus domínios tentando capturar meu protegido e sua família. Muitos ouros cairão ainda, e serão mais histórias secretas para eu zelar, como um mapa do inimigo.

– Se é sua vontade, não tenho alternativa além de cumprir sua ordem.

– Não é só minha vontade, mas seu único caminho. Mas, se não deseja, poderei reduzi-lo ao tamanho de um feto da eternidade, em que somente seu código genético terá forma.

– Eu suplico, meu senhor! Não reduza minha evolução, será meu fim...

– Então, agora irá para a prisão das revelações e iniciará seu trabalho. De tudo o que revelar, algumas coisas serão de fácil acesso para outras consciências, enquanto o restante ficará oculto como parte do mapa de meu exército.

No mesmo instante em que ele me deu as costas, o grupo de seres se desarmou. Alguns retornando para os símbolos que vigiavam, outros desaparecendo diante de meus olhos. A cobra que descansava sobre a cabeça daquele guardião veio até mim, enrolando-se por completo e me arrastando pelo salão. À medida que saíamos do ambiente, vi nos corredores daquele lugar uma particularidade. Eram formas ovaladas com milhares de pedras incrustadas que pulsavam uma luz azulada escura. Em cada cúpula que entramos havia distintos tipos de escravos. Alguns nus, outros disformes, outros gritando, outros se flagelando. Algumas mulheres seduziam umas às outras. Havia como prisões translúcidas onde homens e mulheres faziam sexo gerando uma energia que era sugada pelo lugar, mas o mais chamativo dessa cúpula e os respectivos seres é que eles chegavam ao orgasmo, mas não havia cansaço, somente um suspiro profundo e continuavam; eram escravos do vício sexual.

Finalmente chegamos à minha cela. Aparentemente era mais limpa do que as que conheci antes. Mas as paredes estavam com centenas de buracos negros. Ao lado da minha havia outra cela com uma mulher completamente dilacerada, destruída em sua forma. Só pude reconhecer que era uma mulher por seus lábios vermelhos e seu cabelo branco. Ela me observava com um temor profundo, mas não me dirigiu a palavra. O espaço na verdade não continha duas celas, era como uma grande colmeia de abelhas com uma prisão para cada ser. Éramos centenas de consciências em um só lugar. Então, antes de me soltar, a grande cobra cravou suas presas em mim, levando-me à maior das dores que já havia sentido em toda a minha existência. Adormeci profundamente assim que seus dentes afiados atravessaram meu peito.

Não sei dizer por mais quanto tempo dormi, mas, quando acordei, estava com um grande desejo de revelar tudo, ainda que por um instante sentisse dúvida sobre revelar certas passagens de minha caminhada pelas trevas. Creio que foi um grande erro ter duvidado, porque nesse mesmo instante saíram centenas de cobras daqueles buracos em minha cela e cravaram em mim suas presas. Eu não conseguia sentir o lugar, apenas havia sido escondido por um sofrimento na forma de todas aquelas cobras. Novamente adormeci.

Ao abrir os olhos, sabia que havia saída. Eu tinha de revelar absolutamente tudo. Fiquei de pé cambaleando e mentalmente me predispus a revelar desde a primeira recordação que ressoava em minha cabeça. Quando estava fechando os olhos, apareceu um ser coberto com uma capa verde-escura e um punhado de chaves atadas penduradas no pescoço. Ele me mostrou um livro de tamanho grande e deixou-o sobre umas pedras trazidas por ele. Olhou-me fixamente nos olhos enquanto sentia como se uma tromba saísse de minha cara e se conectasse ao livro. Que incômodo indescritível, era como se esse duto fizesse parte de meu corpo. Ao conectar-se ao livro, comecei a cambalear; fechando os olhos, vieram os primeiros sentimentos e imagens de minha última vida na Terra. As confissões iniciaram e ali eu estava, como um escravo revelando aquilo que jurara nunca confessar.

:: Negociando Minha Liberdade ::

O tempo não era um fator determinante para o cansaço nesse lugar, os dias eram noites e as noites eram mais sombrias. O livro aumentou consideravelmente seu tamanho. Cada palavra, forma e o que estava escondido se revelavam ali em meio a frases persuasivas. A cada confissão, sentia um medo imenso porque houve momentos em que adormeci e podia ver a Serpente Negra se arrastando até mim, assim como aquelas centenas de seres trevosos corriam com armas, correntes e outros elementos para me deter. No entanto, do intenso terror que eu sentia, voltava a tomar consciência de que era um escravo e, de certa forma, me sentia mais seguro aqui dentro do que lá fora.

Por fim, cheguei à minha última memória. Ou seja, um pouco antes de entrar neste cárcere. Agora, minha história estava no presente, não podia falar do passado porque nem o presente tinha resolvido. Tudo o que sabia estava revelado naquele livro portador de minhas memórias.

O duto desconectou-se de minha cabeça e regressou ao livro para converter-se em uma chave dentro da fechadura que se formou na capa do maldito exemplar. Novamente apareceu o guardião, que agora tinha uma serpente dormindo enrolada em seu braço esquerdo.

– Você já é nosso completo escravo.

– Sim, meu senhor. Não tenho nada mais a revelar, e ainda que não desejasse tive de fazê-lo.

– Não se sinta um traidor neste lugar, embora talvez saindo daqui já estejam esperando-o outras formas sombrias que o afundarão nas entranhas do Senhor da Escuridão.

– Eu suplico que não! Juro lealdade a este lugar e aos guardiões daqui!

– Comigo você não tem nada a acordar. Eu apenas respondo ao que me solicita o Guardião Cobra-Coral.

– Ao menos me diga seu nome, senhor.

– Sou o Guardião da Serpente Verde.

– Salve sua força e mistério, Guardião da Serpente Verde! Estou admirado de ter encontrado um lugar tão cheio de serpentes e cobras.

– Aqui somos o oposto do que você conhece. Se naquele lugar onde você se construiu existiam fins negativos ou destrutivos contras as forças de luz, usando esses mistérios para isso, deste lado você encontra a vitalidade manifestada na Sagrada Lei Maior e na implacável Justiça Divina.

– Mas como consegue fundir as sombras e o sagrado?

– Como conseguem fundir a violência com um instrumento da paz? Por acaso o amor sempre funciona com os tomados por ódio? A dor é um instrumento temporal da retidão. A dor deixa marcas de experiências que não deseja tornar a viver. Aqui não tatuamos seu destino com a paciência que convida à decepção. Aqui, instalamos a dor como um fator que determina que voltar a errar de maneira consciente infligirá um novo momento de devastação emocional e racional.

– Ninguém que tenha cometido erros merece a paz, meu senhor! Nem nós mesmos.

– Não confunda! Não pense como escravo da escuridão, aqui não lhe servirá! A paz merece aquele que busca erradicar a ignorância. A luz é iluminada porque tomou consciência do desígnio do Criador. Em oposição, as trevas tomaram como bandeira a força da ignorância e a supremacia do poder cego e desenfreado.

– Mas estamos nas trevas, meu senhor! Somos parte delas!

– Somos parte da escuridão que tem direito à redenção. A luz também precisa da escuridão para trabalhar nela, e a escuridão necessita da luz para construir seu caminho até o Criador.

– A luz habita que parte deste lugar?

– Habita na fé dos que cremos que, por trás de tanta dor, há oportunidades para redimir-se. Quando se sentir livre e não estiver preso a pensar como um escravo, verá que a luz lhe oferece trabalhar para ela na escuridão, porém não levando a chama do amor como sua única saída, mas a extraordinária implacabilidade de sua Lei e Justiça imutáveis. Não é o meio que utiliza para instalar o sagrado o que conta, e sim o fim que o leva a usar o meio.

– Ou seja, posso oferecer à luz o que sou, sem sair das sombras, que é o que sou?

– Sim, a luz pode se instalar em sua escuridão, mostrando-lhe que o brilho que você leva por dentro fará que sua escuridão externa carregue a força disfarçada do sagrado.

– E isso serviria para quê?

– Para transformar a escuridão em algo útil para a criação, assim como estou fazendo agora com você.

– Compreendo, meu Senhor. Parece muito condescendente.

– Não relaxe pensando que somos de paz. Para nós, cada passo é uma batalha. Não desejamos amigos, mas companheiros da guerra eterna. Não temos paciência nem tolerância com idiotas e ignorantes como você, somente momentos únicos para ensinar e nunca mais falar sobre o tema. Aqui a caridade é como cada um vislumbra a luz, se não conseguiu com aquele que lhe deu a oportunidade, nunca mais voltará a tê-la.

— Agora sim, Guardião da Serpente Verde. Não me restam dúvidas da postura que os senhores têm. Meu eterno respeito a seu mistério.

O guardião assentiu com a cabeça e se retirou. Foi um discurso que se instalou em mim, uma nova maneira de ver as trevas. Não nego que o sabor de causar dor aos demais é algo que não pode ser substituído, mas podia instaurar aquele sofrimento nos demais sob os desígnios da Justiça Divina. Afinal, muitos de meus companheiros na escuridão acreditavam que o Criador era pura luz e paz. No entanto, deste lado de sua criação, percebo que também é retidão, imposição, obediência, erro, pecado, corrupção, poder.

Mais uma vez passei as noites em plena solidão. Absolutamente ninguém me visitou. Sentia tanta fome e sede, como se fosse um humano. Comecei a gritar por auxílio, e cada vez que fazia isso serpentes saíam daqueles buracos com seu desejo implacável de cravar suas presas e mantê-las em meu corpo por muito tempo. Mas esse castigo já não significava nada para mim, e mesmo que o veneno que injetavam a cada mordida transformasse a carne de meu corpo em algo putrefato, não me tirava o desejo de não ter fome. Então comecei a lutar contra elas e a comê-las vivas, sentindo o sabor do sangue, da pele e de sua carne amarga. Meu rosto, meus dentes, minha pele, tudo estava ganhando uma coloração vermelho-escura. Já havia perdido a noção de quem era; a demência começava a sacudir todo o meu ser, e foi por causa disso que terminei caindo ao chão certa noite, sem poder sequer balbuciar.

* * *

Ouvi passos e alguém abriu a cela, mas eu não quis me mover. Não me interessava mais nada. A apatia era minha nova forma de comunicação com o entorno. Senti-me ser arrastado para fora da cela. Levaram-me de volta ao salão no qual eu havia recebido o dono daquele lugar; estava seguro de que haveria uma nova sentença para mim. Jogaram-me de barriga para cima e fiquei na mesma posição olhando a grande pedra arco-íris que estava na altura exata de minha cabeça.

– Meu senhor, este é o escravo de que falou? – disse um dos séquitos do Guardião Cobra-Coral, que observava com desprezo meu corpo.

– Ele mesmo, mas não o quero desta forma neste espaço. Quero-o asseado, alimentado e curado, antes de conversar com ele. Não posso tratar com sua dor e impotência. Necessito-o lúcido e com capacidade de tomar uma decisão esta noite. Leve-o rapidamente ao grupo que o restabelecerá.

– Assim o farei, meu senhor.

De novo saí arrastado como um saco de lixo humano, mas com uma leve esperança que nascia ao escutar a voz estrondosa daquele guardião.

Fui atirado em uma fonte e a água era a melhor sensação que podia ter se apresentado naquele momento. Minhas feridas começaram a sarar rapidamente; eu observava como minha pele voltar a ser lisa, suave e muito branca. Minha excitação se fez presente e a ereção me levou a uma fantasia com mulheres naquela água milagrosa, que foi testemunha de um coito que descarregou tantos anos de energia sexual. Em questão de horas, para estimar um tempo, eu já estava completamente diferente.

Saí da água acompanhado de uma mulher que nada me dizia, somente me dava um sorriso enquanto me acariciava os cabelos, que também estavam completamente brancos. Mas, em pouco tempo, aquele branco intenso que eu tinha na pele e nos cabelos começou a se apagar, voltando a ficar inteiramente vermelho, e o cabelo de um preto muito intenso.

:: A Revelação ::

    Fomos caminhando em silêncio até o guardião, mas já não me colocaram no chão, e sim me deixaram em uma poltrona virada para o trono onde ele estava. Novamente formaram um círculo. Aquele era um momento muito especial.
– Bem-vindo, escravo. Agora posso conversar com alguém que parece ter ímpeto de ser diferente.
– Sim, meu senhor. Agradeço a oportunidade de voltar a parecer um escravo bem cuidado.
– Que fará a partir de agora?
– Não tenho ideia do que possa ocorrer fora deste domínio, mas sei que será meu fim e terminarei sofrendo o pior dos tormentos.
– Isso depende de você...
– Mas como posso me integrar a este mistério que não me corresponde?
– Ninguém disse que você tomaria parte aqui, mas será um vínculo com outro domínio que está relacionado ao meu, o domínio da Serpente Negra.
– Existe uma Serpente Negra deste lado? – disse surpreso e com lágrimas nos olhos. Ouvir sobre esse mistério era a única frase que acendia algo em meu ser.

– Tudo o que você imagina está reproduzido aqui, assim como existem domínios de uma cobra-coral negativa lá fora. A dualidade transita livremente pela trevas, mas é você aquele que decide de que lado deseja caminhar. O Criador age de maneira dual, deixando o regressivo nas mãos daquele filho chamado Senhor da Escuridão.

– Filho do Criador? Se os colegas que alguma vez tive ouvissem isso, eles ririam do senhor...

– Esses idiotas iludidos vivem presos a seus estúpidos desejos, limitando-se a acreditar que o Senhor da Escuridão é um servo de algo invisível. Ele sabe perfeitamente seu papel na criação, e eles por isso são o que são, servos e escravos dele. Por acaso, você acredita que esta parte da criação está fora do Criador?

– Sim. Eu acreditava nisso, meu senhor. Mas é difícil conceber que a dor e o ódio formem parte do Criador de tudo e de todos.

– A onipresença que Ele possui lhe dá onipotência para trabalhar de maneira muito complexa. A luz ou o alto ensinam somente um caminho, alcançar o Pai pelo superior, que é o certo, pois pelo inferior seria o fim do Senhor da Escuridão, que também é filho d'Ele. Então, você termina estando dentro do Criador, mas na parte externa d'Ele, que são as trevas.

– Isso é muito complexo de entender, mas posso aceitar como uma nova realidade.

– Então estas serão as condições. A partir de hoje, você se preparará nos domínios da Serpente Negra, que estão resguardados pelo Guardião Serpente Negra, que com prazer recrutará um iniciado em sua origem com tal mistério. Ele saberá como despertar seu passado sagrado, que existiu pouco antes que o colocassem no círculo da escuridão utilizando sua fonte inesgotável de mistério como algo negativo. Uma vez que você desperte, será outro Guardião Serpente Negra, que terá dois tutores, porque, a partir do momento em que assumir um mistério estará na liberdade de estudar outros, como o meu, por exemplo. Esse processo pode demorar muito tempo, mas é o novo mapa que o Criador deseja traçar de você. Está disposto?

– Será o maior presente que já terei recebido desde a última vida que recordo – disse, enquanto chorava emocionado.

– Veja que ao final de tudo, sua dor, seu ódio, desejo de vingança e violência o levaram por caminhos pelos quais pôde aprender e ao mesmo tempo ensinar.

– Jamais enxerguei dessa forma, mas entreguei tudo o que senti naquele livro onde está refletida esta vida que levo.

– Sim, e sua liberdade se ampliará naqueles que o lerem, porque essa memória subirá à Terra e se materializará no livro que o fará respirar na reflexão dos humanos.

– Como poderão aprender comigo? Se o que vivi está tão apodrecido no egoísmo, na vingança, na destruição...

– Não se preocupe com isso, suas memórias se limitarão a revelações que sejam úteis no alto. Muitas coisas não serão reveladas porque devemos respeitar a lei sagrada do silêncio da criação.

– Compreendo, meu senhor. Mas ainda continuo sendo um ser das trevas?

– Sim, você é um espírito que abomina Deus e trabalha para as trevas, para o Senhor da Escuridão. É um espírito que sente prazer ao despertar a dor nos demais e obedece aos desígnios de seres negativamente superiores. Você é o juiz do destino alheio que se deleita arrastando outros até as profundezas da escuridão. Agora, lhe pergunto: você é tudo isso?

– Era, meu senhor?

– Você quem decidiu. Foi uma vez, agora a história muda.

– Entrego completamente meu destino em suas determinações, meu senhor, e prometo ser fiel por toda a eternidade

– disse, enquanto caía de joelhos pousando minha face naquele piso negro e frio.
— Assim será, Wither. Agora, me acompanhe. É o momento de abrir as portas do outro domínio.

* * *

Caminhamos por labirintos que desciam até outro lugar; era algo muito profundo. Baixamos até um aterro onde havia uma porta incrustada no chão. O Guardião Cobra-Coral se ajoelhou e nós fizemos o mesmo. Ergueu seus braços e evocou em uma língua desconhecida, enquanto desenhava símbolos que se transformavam em centelhas de luz avermelhada. A porta começou a se abrir lentamente, enquanto saíam centenas de serpentes negras. E um ser assustador se fez presente. Era o Guardião Serpente Negra. O Guardião Cobra-Coral se pôs de pé e os dois apertaram as mãos olhando-se fixamente.
— Companheiro, finalmente encontrei este elo de seus mistérios que havia perdido há milênios.
— Se já estava em dívida consigo, agora meus domínios se ampliam para você, companheiro Cobra-Coral.
— Isso é o de menos, seus domínios já são parte natural de meus braços que uso para cumprir a Justiça Divina.
— Não há dúvida quanto a isso!
— Wither, levante-se e venha aqui!
— Sim, meu senhor — eu disse enquanto me levantava trêmulo.
— A partir deste momento, você pertence ao domínio da Serpente Negra. Espero que seja um eterno aprendiz desse mistério e que possa chegar o dia em que o Criador possa reconhecer em você um servidor do referido mistério.

– Trabalharei arduamente para corresponder a esse mistério, Senhor Guardião Cobra-Coral.

– Assim seja, até um dia escravo, hahaha!

– Até um dia, meu senhor.

– Daqui me retiro, companheiro Serpente Negra.

– Meu respeito e agradecimentos, companheiro Cobra-Coral.

Enquanto o Guardião Cobra-Coral se distanciava, ao mesmo tempo serpentes negras envolviam-me. Todas elas arrastaram meu corpo. Eram centenas de serpentes. Novamente o medo tocava as portas de minha consciência. Mas havia uma diferença: já não sentia suas presas, mas resguardo e proteção.

– Hora de partir, Wither. Até seu novo lar.

– Sim, hora de partir, meu senhor. Até meu novo lar de sempre.

– Serpentes, vamos!

E em um brusco movimento, fui atirado por aquela porta para o início de uma nova história. Que há nessa direção agora? Shhhh...

Leitura Recomendada

Médium
Incorporação não é Possessão

Alexandre Cumino

A Umbanda já completou mais de cem anos de existência neste mundo e, no entanto, até agora não havia nenhum título específico sobre a mediunidade de incorporação umbandista. Este é o primeiro título que aborda de forma simples e prática o desenvolvimento mediúnico de incorporação na Umbanda, refletindo sobre as dificuldades e conflitos pelos quais passam a maioria dos médiuns de incorporação.

O Guardião das 7 Cruzes
Um Livro Mistério

Rubens Saraceni

O Guardião das 7 Cruzes é um romance mediúnico no qual o autor espiritual, Pai Benedito de Aruanda, se serve da "Biografia" de um espírito para revelar uma pequena parte dos mistérios da criação, conduzindo o leitor ao interior deles por meio dos diálogos que trama entre os seus principais personagens, que são os espíritos guardiões dos mistérios e as divindades manifestadoras deles.

Guardião do Amor
Aprendiz Sete no Reino das Ninfas

Rubens Saraceni

Nessa obra, você conhecerá a trajetória espiritual do Aprendiz Sete, um espírito humano em evolução que, após o seu desencarne, foi encaminhado pelo senhor Ogum a uma fortaleza assentada entre a Luz e as Trevas, onde ingressou em uma escola formadora de Guardiões da Lei e da Vida.

www.madras.com.br

MADRAS Editora — CADASTRO/MALA DIRETA

Envie este cadastro preenchido e passará a receber informações dos nossos lançamentos, nas áreas que determinar.

Nome _____
RG _____ CPF _____
Endereço Residencial _____
Bairro _____ Cidade _____ Estado ____
CEP _____ Fone _____
E-mail _____
Sexo ❏ Fem. ❏ Masc.   Nascimento _____
Profissão _____ Escolaridade (Nível/Curso) _____

Você compra livros:
❏ livrarias   ❏ feiras   ❏ telefone   ❏ Sedex livro (reembolso postal mais rápido)
❏ outros: _____

Quais os tipos de literatura que você lê:
❏ Jurídicos   ❏ Pedagogia   ❏ Business   ❏ Romances/espíritas
❏ Esoterismo   ❏ Psicologia ❏ Saúde   ❏ Espíritas/doutrinas
❏ Bruxaria   ❏ Autoajuda   ❏ Maçonaria   ❏ Outros:

Qual a sua opinião a respeito desta obra? _____
_____

Indique amigos que gostariam de receber MALA DIRETA:
Nome _____
Endereço Residencial _____
Bairro _____ Cidade _____ CEP _____

Nome do livro adquirido: ***Memórias de um Kiumba***

Para receber catálogos, lista de preços e outras informações, escreva para:

MADRAS EDITORA LTDA.
Rua Paulo Gonçalves, 88 – Santana – 02403-020 – São Paulo/SP
Caixa Postal 12183 – CEP 02013-970 – SP
Tel.: (11) 2281-5555 – Fax.:(11) 2959-3090
www.madras.com.br

MADRAS® Editora

Para mais informações sobre a Madras Editora,
sua história no mercado editorial
e seu catálogo de títulos publicados:

Entre e cadastre-se no site:

www.madras.com.br

Para mensagens, parcerias, sugestões e dúvidas, mande-nos um e-mail:

marketing@madras.com.br

SAIBA MAIS

Saiba mais sobre nossos lançamentos,
autores e eventos seguindo-nos no facebook e twitter:

@madrased

/madraseditora